MARC
ALASKA

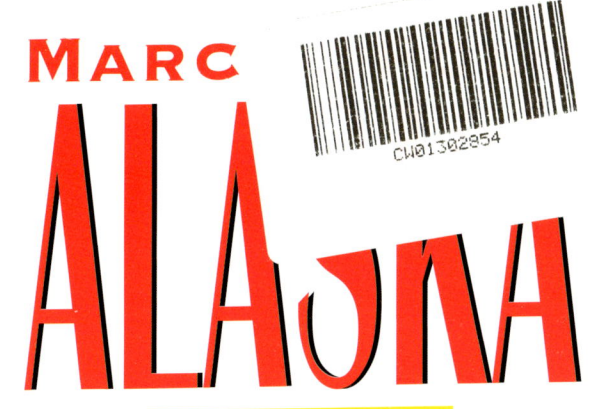

Reisen mit Insider-Tips

Diese Tips sind die ganz speziellen Empfehlungen unserer Autoren. Sie sind im Text gelb unterlegt.

Sechs Symbole sollen Ihnen die Orientierung in diesem Führer erleichtern:

★

für Marco Polo Tips – die besten in jeder Kategorie

☼

für alle Objekte, bei denen Sie auch eine schöne Aussicht haben

◉

für Plätze, wo Sie bestimmt viele Einheimische treffen

👤

für Treffpunkte für junge Leute

(A1)
Koordinaten für die Übersichtskarte

Die Marco Polo Route in der Karte verbindet die schönsten Punkte Alaskas zu einer Idealtour.

Diesen Band schrieb Karl Teuschl, Autor und Reisejournalist aus München, der Alaska seit rund 20 Jahren immer wieder bereist.

Die Marco Polo Reihe wird herausgegeben von Ferdinand Ranft.

MAIRS GEOGRAPHISCHER VERLAG

MARCO ✦ POLO

Für Ihre nächste Reise gibt es folgende Titel dieser Reihe:

Ägypten • Alaska • Algarve • Allgäu • Amrum/Föhr • Amsterdam • Andalusien • Antarktis • Argentinien/Buenos Aires • Athen • Australien • Bahamas • Bali/Lombok • Baltikum • Bangkok • Barbados • Barcelona • Bayerischer Wald • Berlin • Berner Oberland • Bodensee • Bornholm • Brasilien/Rio • Bretagne • Brüssel • Budapest • Bulgarien • Burgenland • Burgund • Capri • Chalkidiki • Chiemgau/Berchtesgaden • China • Costa Brava • Costa del Sol/Granada • Costa Rica • Côte d'Azur • Dänemark • Disneyland Paris • Dolomiten • Dominik. Republik • Dresden • Dubai/Emirate/Oman • Düsseldorf • Eifel • Elba • Elsaß • England • Erzgebirge/Vogtland • Feuerland/Patagonien • Finnland • Flandern • Florenz • Florida • Franken • Frankfurt • Frankreich • Frz. Atlantikküste • Fuerteventura • Galicien/Nordwest-Spanien • Gardasee • Golf von Neapel • Gran Canaria • Griechenland • Griech. Inseln/Ägäis • Hamburg • Harz • Hawaii • Heidelberg • Holland • Hongkong • Ibiza/Formentera • Indien • Ionische Inseln • Irland • Ischia • Island • Israel • Istanbul • Istrien • Italien • Italien Nord • Italien Süd • Ital. Adria • Ital. Riviera • Jamaika • Japan • Java/Sumatra • Jemen • Jerusalem • Jordanien • Kalifornien • Kanada • Kanada Ost • Kanada West • Kanalinseln • Karibik I • Karibik II • Kärnten • Kenia • Köln • Königsberg/Ostpreußen Nord • Kopenhagen • Korsika • Kreta • Krim/Schwarzmeerküste • Kuba • Lanzarote • La Palma • Leipzig • Libanon • Lissabon • Lofoten • Loire-Tal • London • Luxemburg • Macau • Madagaskar • Madeira • Madrid • Mailand/Lombardei • Malaysia • Malediven • Mallorca • Malta • Mark Brandenburg • Marokko • Masurische Seen • Mauritius • Mecklenburger Seenplatte • Menorca • Mexiko • Mosel • Moskau • München • Namibia • Nepal • Neuseeland • New York • Nordseeküste: Schlesw.-Holst. • Normandie • Norwegen • Oberbayern • Oberital. Seen • Oberschwaben • Österreich • Ostfries. Inseln • Ostseeküste: Mecklbg.-Vorp. • Ostseeküste: Schlesw.-Holst. • Paris • Peking • Peloponnes • Pfalz • Philippinen • Polen • Portugal • Potsdam • Prag • Provence • Rhodos • Riesengebirge • Rom • Rügen • Rumänien • Rußland • Salzburg/Salzkammergut • San Francisco • Sardinien • Schottland • Schwarzwald • Schweden • Schweiz • Seychellen • Singapur • Sizilien • Slowakei • Spanien • Spreewald/Lausitz • Sri Lanka • Steiermark • St. Petersburg • Südafrika • Südamerika • Südengland • Südkorea • Südsee • Südtirol • Sylt • Syrien • Taiwan • Teneriffa • Tessin • Thailand • Thüringen • Tirol • Tokio • Toskana • Tschechien • Tunesien • Türkei • Türk. Mittelmeerküste • Umbrien • Ungarn • USA • USA: Neuengland • USA Ost • USA Südstaaten • USA Südwest • USA West • Usedom • Venedig • Venezuela • Vietnam • Wales • Die Wartburg/Eisenach und Umgebung • Weimar • Wien • Zürich • Zypern • Die besten Weine in Deutschland • Die 30 tollsten Ziele in Europa • Die tollsten Hotels in Deutschland • Die tollsten Restaurants in Deutschland

Die Marco Polo Redaktion freut sich, wenn Sie ihr schreiben:
Marco Polo Redaktion, Mairs Geographischer Verlag
Postfach 31 51, D-73751 Ostfildern

Unsere Autoren haben nach bestem Wissen recherchiert. Trotzdem schleichen sich manchmal Fehler ein, für die der Verlag keine Haftung übernehmen kann.

Titelbild: Image Bank/Grant Faint
Fotos: R. E. Jung (4, 6, 14, 22, 24, 34, 38, 44, 47, 48, 52); Lade: BAV (59);
Mauritius: Madersbacher (78); Schapowalow: Dietrich (63); Schuster: Bernhart (66), Liaison (16),
Meyers (41), Teuschl (8, 12, 18, 21, 28, 36, 54, 56, 64, 70, 72, 75, 81, 85, 90)

2., aktualisierte Auflage 1997 © Mairs Geographischer Verlag, Ostfildern
Lektorat: Mitzi Holub
Gestaltung: Thienhaus/Wippermann (Büro Hamburg)
Kartographie: Rand McNally, Istituto Geografico de Agostini
Sprachführer: In Zusammenarbeit mit dem Ernst Klett Verlag für Wissen und Bildung GmbH,
Redaktion PONS Wörterbücher

Das Werk einschließlich aller seiner Teile ist urheberrechtlich geschützt. Jede urheberrechtsrelevante Verwertung ist ohne Zustimmung des Verlages unzulässig und strafbar. Das gilt insbesondere für Vervielfältigungen, Übersetzungen, Nachahmungen, Mikroverfilmungen und die Einspeicherung und Verarbeitung in elektronischen Systemen.

Printed in Germany
Gedruckt auf 100% chlorfrei gebleichtem Papier

INHALT

Auftakt: Entdecken Sie Alaska! 5
*Stille Fjorde, einsame Tundra, gewaltige Bergzüge –
Alaska ist eine der letzten Wildnisregionen unserer Erde*

Geschichtstabelle 10

Alaska-Stichworte: Von Bären bis zu Wildnislodges 13
*Buschpiloten sind die Taxifahrer Alaskas – wissenswerte
Hintergründe zum Verständnis des Landes*

Essen & Trinken: Muktuk und Rentiersteaks 19
*In den Coffee-Shops regiert die amerikanische Küche, doch es
gibt auch echte Alaska-Spezialitäten*

Einkaufen & Souvenirs: Ulus und Mukluks 23
*Das Leben ist teuer im Norden, aber für einige gute
Mitbringsel lohnt sich die Investition*

Alaska-Kalender: Pionierfeste und Hundeschlittenrennen 25
*Im Sommer wie im Winter sind die Alaskaner zu Parties
aufgelegt – auch bei Eiseskälte meist im Freien*

Anchorage: Die Metropole in der Wildnis 29
*Anchorage ist das Tor zu Alaska – hier beginnen die meisten
Touren, hier versorgt man sich für die Wildnis*

Südalaska/Kenai-Halbinsel: Alaska aus dem Bilderbuch 37
*Der Süden ist die am besten erschlossene Region Alaskas –
und die spektakulärste*

Zentralalaska/Fairbanks: Der höchste Berg, der größte Fluß 49
*Unendliche Weite regiert im Land zwischen dem Yukon River
und den weißen Gipfeln der Alaska Range*

Südostalaska/Panhandle: Land der Fjorde und der Wälder 57
*Das Insellabyrinth Südostalaskas läßt sich am besten
per Schiff erkunden*

Buschalaska: Wo alle Straßen enden 73
*Wilde Natur, einsame Tundra und windumtoste Inseln –
doch jede Reise muß sorgfältigst geplant sein*

Yukon Territory/Alaska Highway: Auf Jack Londons Spuren 79
*Der Ruf der Wildnis ist nirgendwo deutlicher zu vernehmen
als im kanadischen Yukon Territory, dem Reich der Goldgräber*

Praktische Hinweise: Von Auskunft bis Zoll 87
Adressen, Ratschläge und Reisetips für Ihre Alaska-Tour

Warnung: Bloß nicht! 94
*Die Wildnis Alaskas ist nicht ohne Gefahren, und es gibt
Dinge, über die man informiert sein sollte*

Register 95

Was bekomme ich für mein Geld? 96

Sprachführer Amerikanisch: Sprechen und Verstehen ganz einfach 97

AUFTAKT

Entdecken Sie Alaska!

Stille Fjorde, einsame Tundra, gewaltige Bergzüge – Alaska ist eine der letzten Wildnisregionen unserer Erde

Alyeska, »weites Land«, nannten die Ureinwohner der Aleuten das Festland, von dem aus ihre windumtosten Inselchen in den Nordpazifik hinauskleckerten. Die ersten russischen Entdecker und Pelzhändler, die Mitte des 18. Jahrhunderts von Sibirien her kamen, übernahmen den Namen und erzählten zu Hause von diesem geheimnisvollen wilden Land, wo die Pelze der Seeotter so fein waren, daß sie in China mit Gold aufgewogen wurden. Ein Mythos war geboren – der Traum von einem weit entfernten, riesigen und noch unberührten Land, dessen Schätze darauf warteten, entdeckt zu werden.

Bis heute lebt dieser Traum fort, bis heute lockt uns am Norden die ursprüngliche Wildnis, die im Rest der Welt so selten geworden ist. Was zuerst auffällt bei einer Reise durch Alaska, ist tatsächlich die schier unglaubliche Weite des Landes. Sicher, Fjorde und Gletscher kennt man aus Norwegen, große Seenplatten aus Schweden oder Finnland. Doch in Alaska ist alles einige Nummern größer. Wenn Finnland sich mit einer Million Seen brüstet, dann sind es in Alaska drei Millionen – und dazu 3000 Flüsse und eine Küste von 80 000 Kilometer Länge.

1,5 Millionen Quadratkilometer ist Alaska groß, weit größer als unsere skandinavischen Länder zusammengenommen. Dabei leben im 49. Bundesstaat der USA nur knapp 600 000 Menschen – auf einer Fläche viermal so groß wie Deutschland. Statistisch gesehen hat jeder Alaskaner drei Quadratkilometer Platz für sich – eine sagenhaft niedrige Bevölkerungsdichte. In Deutschland hingegen müssen sich 220 Leute einen Quadratkilometer teilen. Die Statistik verzerrt das wahre Bild sogar noch: Gut die Hälfte der Alaskaner lebt nämlich in der einzigen Großstadt Anchorage, weitere 80 000 in und um Fairbanks. Da bleibt viel Platz für die Wildnis, die noch heute weitgehend so ursprünglich ist wie zu Zeiten der ersten Entdecker – nicht von ungefähr steht heute mehr als die Hälfte des Landes in Wildschutzgebieten, National Parks und National Forests unter Schutz.

Einsame Weiten im Denali Park

Auf der Spurensuche nach dem Mythos Alaska spielen diese unendliche Weite und die reiche, aber unbarmherzige und menschenfeindliche Natur die tragenden Rollen. Der Ruf der Wildnis lockte Pioniere und Abenteurer in den Norden, und Alaska machte sie reich oder vernichtete sie, je nach dem Glück des einzelnen: Lebensgeschichten, die reichlich Stoff bieten für Erzählungen von Trappern und Goldsuchern und verschollenen Pionieren. Nicht zuletzt sie machen den Zauber Alaskas aus.

Die Russen kratzten die Wildnis einst kaum an. Sie errichteten ein paar Posten entlang der Küsten im Süden, jagten Otter und langweilten sich in den langen dunklen Wintern. Schon 100 Jahre später – der Zar brauchte wieder mal Geld – verhökerten sie ihre Kolonie an die Amerikaner, die zunächst nicht recht wußten, was sie mit ihrem neuen Territorium, dieser »Eisbox« im Norden, anfangen sollten. Doch dann wurde um 1900 Gold entdeckt – zuerst am Klondike, dann in Nome, dann bei Fairbanks. Alaska gab seine Schätze preis, und Hunderttausende kamen – wenn auch nur kurz.

Von da an war Alaska in aller Welt bekannt. Jack London verherrlichte die wilde Natur des Nordens und das harte, aber ehrliche Leben der Goldsucher in seinen Romanen, die seither Generationen von Jugendlichen fas-

Trapperträume – am Lagerfeuer in Alaska werden sie wahr

AUFTAKT

Die Marco Polo Bitte

Marco Polo war der erste Weltreisende. Er reiste in friedlicher Absicht, verband Ost und West. Er wollte die Welt entdecken, fremde Kulturen kennenlernen, nicht zerstören. Könnte er für uns Reisende des 20. Jahrhunderts nicht Vorbild sein? Aufgeschlossen und friedlich sollte unsere Haltung auf Reisen sein. Dazu gehören auch Respekt vor Mensch und Tier und die Bewahrung der Umwelt.

zinieren. Später drehte Charlie Chaplin seinen Goldgräberfilm »Goldrausch«, und Johnny Horton sang »North to Alaska«. Alles Bausteine für den großen Mythos Alaska.

Daß dann in den 50er Jahren Öl entdeckt wurde und neue große Lagerstätten am Eismeer während der 70er Jahre, paßte genau in die Vorstellung: Der Norden lockte mit neuen Schätzen – und ein weiterer Boom hob an. Für die Amerikaner wurde Alaska zur *Last Frontier* – zur letzten Grenze, zur letzten Wildnis für Pioniere und Abenteurer, zur letzten von der Zivilisation noch unverdorbenen Region ihres Kontinents.

Hohe Erwartungen, möchte man meinen, doch Alaska wird ihnen mühelos gerecht. Mit seiner einzigartigen Tierwelt und seiner ungeheuren landschaftlichen Vielfalt hat das Nordland noch immer seine Besucher begeistert. Im Südosten Alaskas bestimmen zerrissene Küsten und dichte, lauschig grüne Regenwälder mit 60 m hohen Sitkatannen das Bild des *Panhandle,* der wie ein schmaler, 800 km langer »Stiel« am Pazifik nach Süden reicht. Eine spektakuläre Insel- und Fjordwelt, in der Wale und Weißkopfseeadler heimisch sind, in der die Totempfähle der Tlingit-Indianer Wacht halten über pittoreske Fischerdörfer und die Lachse jeden Sommer wie seit Urzeiten zu ihren Laichplätzen in den Bächen ziehen. Die Inside Passage, die legendäre Schifffahrtsroute der Goldgräber, verbindet wie einst die Örtchen der Region miteinander.

Weiter nach Norden, nach Südalaska: Die Region um Anchorage und die Kenai-Halbinsel ist die am besten erschlossene Region Alaskas – was aber nicht allzu viel bedeutet. Im Prince William Sound, im Kenai Fjords National Park und in den Chugach Mountains erwarten Sie Gletscherpanoramen, schöner und erhabener, als man sie in den tollsten Naturfilmen sieht. Elche äsen in den Flußtälern, Seelöwen aalen sich auf den Eisbergen in den Fjorden, und um die Klippen schwirren Tausende von Wasservögeln.

Hier gilt es auch gleich, sich von einem alten Klischee zu verabschieden: Längst nicht ganz Alaska liegt unter Eis und Schnee begraben. Gletscher gibt es nur in den Bergen Süd- und Südostalaskas und in der Alaska Range, die sich als zentrales Gebirgsmassiv durch das Herz des Landes zieht. Doch dort sind sie grandios: Der

Komfort in der Wildnis: ein B&B Inn in Talkeetna

größte Gletscher Alaskas ist der Bering Glacier, der aus dem Bagley Ice Field der Chugach Mountains 160 Kilometer weit zum Golf von Alaska fließt.

Weiter auf unserer Reise mit dem Finger auf der Landkarte: Die Alaska Range mit dem 6194 Meter hohen Mt. McKinley, dem höchsten Gipfel Nordamerikas, zieht die große Trennlinie zwischen Süd- und Zentralalaska. Der Denali National Park rund um den gewaltigen vereisten Berg ist ein Muß für jeden Nordlandfahrer – und die beste Gelegenheit, Grizzlies und Karibus zu erleben. Nördlich davon dehnt sich das unendlich breite Yukon-Tal – und es scheint die Sonne. Zentralalaska kann im Sommer mit dem besten Wetter des ganzen Landes aufwarten, 30 Grad sind keine Seltenheit. Besiedelt wurde diese Region schon um die Jahrhundertwende, als beim heutigen Fairbanks Gold entdeckt wurde. Bald folgten eine Bahnlinie und auch die ersten Straßen – doch richtig zivilisiert wurde die Region nie: Bis heute leben noch Goldgräber an den einsamen Bächen im Hinterland, Wölfe heulen in den Wäldern, und im Winter erstarrt alles Leben bei minus 40 Grad Kälte.

Was bleibt, ist das gewaltige Hinterland. Buschalaska: die einsamen Tundralandschaften am Polarmeer und an der Beringsee, die noch völlig unerschlossenen Bergzüge der Brooks Range und die nebligen, stürmischen, weltabgeschiedenen Inseln der Aleuten. Gut, die weitverstreuten kleinen Eskimoorte haben heute

AUFTAKT

Flugplätze und Fernsehen. Alkohol und Motorschlitten haben Einzug gehalten in die Welt der Ureinwohner. Doch das weite Land liegt ursprünglich wie einst unter der Mitternachtssonne. Große Karibuherden ziehen durch die Hügel des Kobuk Valley National Park, Millionen Wildgänse und andere Wasservögel nisten im Seenlabyrinth des Yukon-Deltas, riesige Braunbären sammeln sich an den Lachsflüssen des Katmai National Park.

Bis auf wenige Ausnahmen sind diese Landesteile nur auf echten Expeditionen zu erleben – die man lange vorab planen und nur in bester körperlicher Verfassung antreten sollte. Für eine erste Wildnistour empfiehlt es sich ohnehin, einen Guide zu nehmen, der die Region und die Tricks zum Überleben kennt.

Dennoch: Trotz aller Wildheit und Abgeschiedenheit ist Alaska heute verblüffend gut zu bereisen: komfortabel per Kreuzfahrtschiff, individuell mit Mietwagen oder Wohnmobil – oder auch ganz rustikal mit Rucksack und Zelt. Auf geteerten Straßen läßt sich eine lohnende Rundfahrt unternehmen: etwa ab Anchorage über Fairbanks, Delta Junction und Valdez zurück nach Anchorage. Oder Sie reisen – mit entsprechend viel Urlaubszeit – auf dem legendären 2300 Kilometer langen Alaska Highway von Süden her an. Gute Motels, Bed & Breakfast Inns und herrlich gelegene Campingplätze warten am Wegesrand. Wanderwege, Bootstouren und Sightseeingflüge erlauben Abstecher ins Hinterland. Und vergessen Sie auch die Nebenstraßen nicht: In kleinen Buschorten wie Talkeetna, Circle oder Eagle warten viel Nostalgie und echtes Alaska-Feeling.

Ebenfalls nicht verpassen sollten Sie einen Abstecher ins kanadische Yukon Territory, jenes sagenhafte Goldland, das vor 100 Jahren Schauplatz des berühmtesten Goldrauschs in der Geschichte der Menschheit war. Städtchen wie Dawson City, einst das »Paris des Nordens«, vermitteln hier noch viel vom Flair der Boomzeit. Aber auch die Natur des Yukon Territory kann sich sehen lassen: die Schneegipfel des Kluane National Park ebenso wie die Wildwasserflüsse Alsek und Tatshenshini, die sich mit Macht ihren Weg durch die Berge zum Pazifik bahnen – Traumziel für Wildniswanderer und -paddler.

Doch nehmen Sie sich nicht zuviel vor für die Tour in den Norden. Eine ausgiebige Rundfahrt mit Zeit für Wanderungen und vielleicht einem Flug mit einem Buschpiloten ins Hinterland oder einem Aufenthalt in einer Wildnislodge, das genügt für drei Wochen Ferien. Eine Fährfahrt durch die Inside Passage, ein Aufenthalt in einer Angellodge, eine Schlauchboottour auf einem abgelegenen Fluß – schon ist eine weitere Woche verplant. Möglichkeiten zum Abenteuer gibt es in Alaska viele, doch man muß sich Zeit nehmen und sich auf das Land einlassen. Irgendwo dort draußen in diesem wilden Land, am Lagerfeuer auf einem Campingplatz, in einer Lodge mit Aussicht über einen majestätischen Fjord oder beim Blick auf den Mt. McKinley werden dann auch Sie dem Zauber Alaskas erliegen.

Geschichtstabelle

Ab 28 000 v. Chr.
Auf den Spuren der Mammuts wandern Paläo-Indianer aus Sibirien über die Beringstraße nach Alaska ein. Vor etwa 12 000 Jahren kommen die Athapasken-Indianer, deren Nachfahren bis heute im Binnenland Alaskas und im Yukon Territory leben. Erst um etwa 3000 v. Chr. folgen die Eskimos und Aleuten

1725 n. Chr.
Vitus Bering, ein Däne in russischen Diensten, erkundet den Nordpazifik. Auf seiner zweiten Expedition 1741 entdeckt er Alaska und landet auf Kayak Island. Die Berichte von kostbaren Seeotterpelzen lösen die russische Kolonisierung Alaskas aus

1774–1794
Spanier und Engländer schicken Expeditionen nach Alaska: 1778 kommt Captain James Cook, 1794 sichtet George Vancouver den Mt. McKinley

1784
Auf Kodiak Island gründen die Russen ihren ersten größeren Stützpunkt. Sie verschleppen viele Aleuten und setzen sie zur Jagd auf Seeotter ein, deren Pelze in Rußland und China mit riesigem Profit verkauft werden

1799
Alexander Baranof, erster Gouverneur der Russisch-Amerikanischen Gesellschaft, gründet Sitka und macht es zur Hauptstadt seines Pelzhandelsreichs. Schon um die Mitte des 18. Jhs. sind die Seeotter jedoch nahezu ausgerottet

18. Oktober 1867
In Sitka wird die amerikanische Flagge gehißt. Rußland verkauft seine Kolonie für 7,2 Mio. Dollar an die USA. Aus heutiger Sicht ein guter Deal – beim Preis von 5 Dollar pro Quadratkilometer

1880
Die Lachsfischerei in Südostalaska floriert bereits, doch nun wird bei Juneau das erste Gold entdeckt

1896
Gold am Klondike! In den folgenden drei Jahren ziehen rund 50 000 Abenteurer nach Norden. Bereits 1898 wird bei Nome an der Küste der Beringstraße erneut Gold entdeckt, 1902 auch in der Region von Fairbanks. Viele der am Klondike zu spät gekommenen Goldgräber ziehen weiter nach Alaska

1912
Alaska wird zum Territorium mit Selbstverwaltung erklärt. Zur selben Zeit wird die erste Straße Alaskas auf einem Pfad der Goldgräber vom Hafen Valdez nach Fairbanks gebaut. 1914 folgt eine Bahnlinie von Seward nach Fairbanks

1917
Die Wildnisregion um den Mt. McKinley wird im ersten National Park Alaskas unter Schutz gestellt

AUFTAKT

1935
Die US-Regierung siedelt Farmer aus dem Süden im Matanuska-Tal an. Trotz großer Widrigkeiten entwickelt sich die Region im Lauf der Zeit zum Landwirtschaftszentrum

1942
Bau des Alaska Highway, bis heute die einzige Landverbindung nach Alaska. Noch im selben Jahr besetzen die Japaner zwei Inseln der Aleuten: Überall in Alaska entstehen Militärstützpunkte, Hunderte von Flugzeugen werden als Kriegshilfe über Alaska nach Rußland gebracht

1957
Das Ölzeitalter Alaskas beginnt mit den ersten größeren Funden im Cook Inlet

3. Januar 1959
Alaska wird der 49. Bundesstaat der USA

27. März 1964
Um 17.36 Uhr wird Südalaska vom schwersten je in Nordamerika gemessenen Erdbeben erschüttert: Stärke 8,4 bis 9,2 auf der Richter-Skala

1968
An der Polarmeerküste bei Prudhoe Bay werden Ölvorkommen von rund 15 Mrd. Barrel entdeckt

1971
Im Alaska Native Claims Settlement Act werden die Rechte der Ureinwohner anerkannt: Sie erhalten 18 Mio. ha Land und 900 Mio. Dollar, die von zwölf neu gegründeten Native Corporations investiert werden

1974–1977
Bau der Alyeska Pipeline von der Prudhoe Bay bis zum Tankerhafen Valdez. Rund die Hälfte der 1300 Kilometer langen Rohrleitung wird auf Stelzen verlegt, um den Permafrostboden nicht aufzutauen

1981
Ein neues Gesetz, der Alaska National Interest Lands Conservation Act, macht aus rund 43 Mio. ha Land neue National Parks, Wildschutzgebiete und Wilderness Areas. Im selben Jahr schafft das nun ölreiche Alaska die Einkommensteuer ab und zahlt ab 1982 sogar eine Öldividende an seine Bürger

1989
Exakt 25 Jahre nach dem großen Erdbeben kommt es zu einer erneuten Katastrophe, und zwar wieder an einem Karfreitag: Der Tanker »Exxon Valdez« läuft auf ein Riff auf, 42 Mio. l Öl strömen in den Golf von Alaska

1992
Nach dem Fall des Eisernen Vorhangs gibt es erstmals seit 50 Jahren wieder Kontakte zwischen Alaska und Sibirien sowie Linienflüge zwischen Anchorage und Magadan

1996
Nachdem die Reserven der Prudhoe Bay langsam zur Neige gehen, versucht die Ölindustrie, neue Bohrrechte im angrenzenden Arctic National Wildlife Refuge zu bekommen – ungeachtet aller Proteste der Umweltschützer

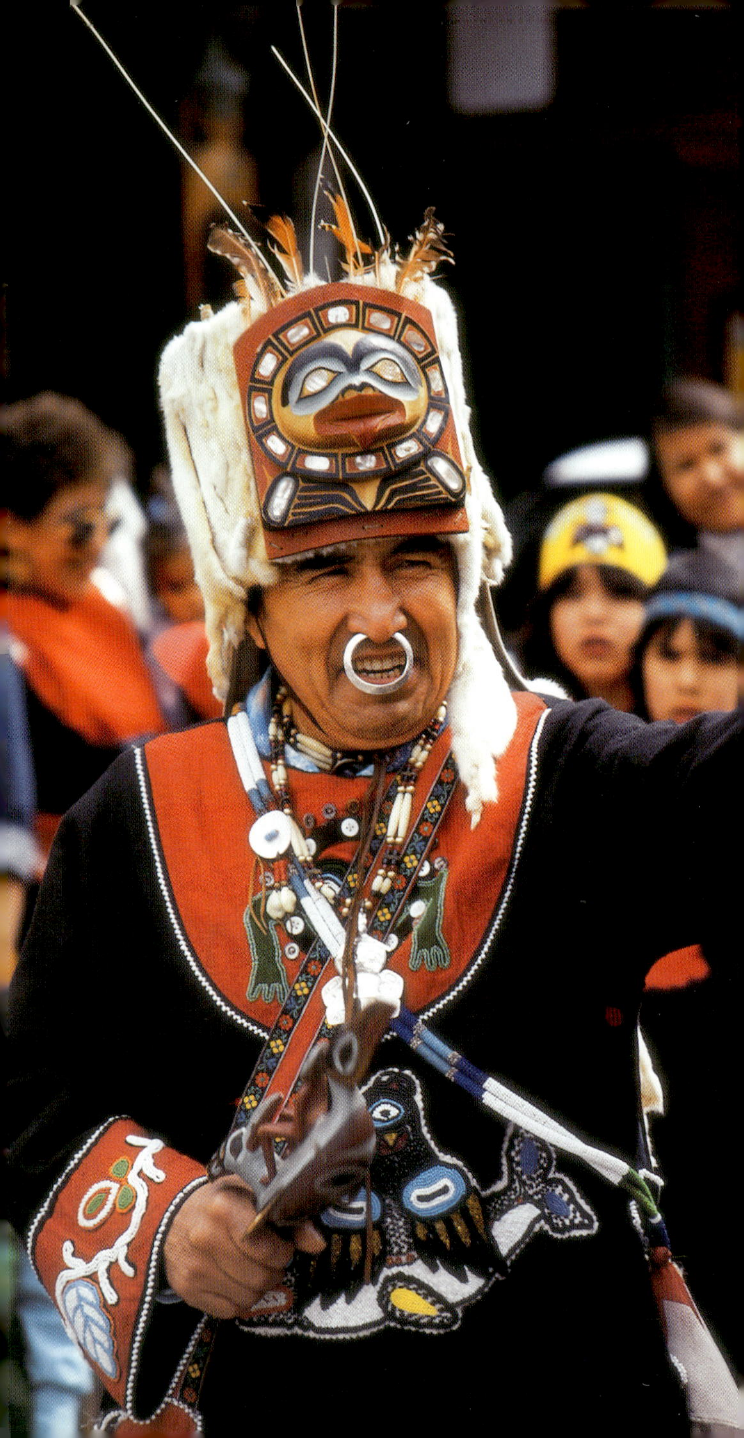

STICHWORTE

Von Bären bis zu Wildnislodges

Buschpiloten sind die Taxifahrer Alaskas – wissenswerte Hintergründe zum Verständnis des Landes

Bären

Eisbären werden Sie auf Ihrer Urlaubsreise nach Alaska kaum zu Gesicht bekommen: Die weißen Riesen leben ausschließlich in der Packeiszone der Polarmeerküste. Schon eher können Sie Bekanntschaft mit einem der kleineren, bis zu 90 Kilo schweren Schwarzbären machen, die vor allem im Süden und im Panhandle Alaskas verbreitet sind. Die wahren Könige der Wildnis aber sind die Grizzlies, die mit Ausnahme von einigen Inseln überall im Staat vorkommen. Im Binnenland, wo sie von Wurzeln, Beeren und kleineren Tieren leben, werden sie 200–300 Kilo schwer. Entlang der Küste und auf Kodiak Island, wo sie sich mit fetten Lachsen satt fressen können, bringen die zotteligen Giganten – hier als Braunbären bezeichnet – bis zu 600 Kilo auf die Waage. An manchen Bächen sammeln sich zur Zeit der Lachszüge Dutzende dieser Ungetüme. Einen Besuch an den berühmten Beobachtungsstellen wie etwa McNeil River, Pack Creek, Katmai National Park oder Kodiak Island müssen Sie allerdings lange vorab planen. Das Fremdenverkehrsamt von Alaska versendet ein Infoblatt mit den Anmeldebestimmungen.

Und noch eins: Vorsicht ist im Bärenland immer geboten! Nehmen Sie keine Lebensmittel mit ins Zelt, und machen Sie beim Wandern etwas Krach – ein überraschter Bär kann sehr ungemütlich werden!

Buschpiloten

Mit einem Straßennetz von insgesamt nur 22 000 Kilometern ist der weitaus größte Teil Alaskas das Reich der Airtaxis und Buschpiloten. Die meisten kleinen Orte, die Seen und Naturschutzgebiete im Hinterland sind nur per Wasserflugzeug zu erreichen. Knapp 10 000 Flugzeuge sind in Alaska zugelassen – eines pro 60 Einwohner. Und es gibt mehr als 500 offizielle Flugplätze – die Seen und Kiesbänke in der Wildnis erst gar nicht gerechnet. Seit 1924 das erste Flugzeug von Fairbanks aus zum Goldcamp McGrath flog, sind die Buschpi-

Die Traditionen sind nicht vergessen: Tlingit-Indianer bei einem Fest in Juneau

Wasserflugzeuge – oft das einzige Verkehrsmittel ins Hinterland

loten untrennbar mit der Pioniergeschichte Alaskas verbunden, und die – nicht immer glimpflichen – Notlandungen und Rettungsaktionen früher alaskanischer Buschpiloten wie Ben Eielson oder Don Sheldon sind legendär. Auch heute ist Buschfliegen nicht ungefährlich: Lassen Sie sich auf jeden Fall vor dem Abflug die Notausrüstung und den Notsender zeigen, die in jedem Flugzeug mitgeführt werden müssen.

Erdbeben und Vulkane

Alaska gehört zum »Feuerring um den Pazifik«, zu jener tektonisch unruhigen Region, die mit Erdbeben und Vulkanausbrüchen immer wieder für Schlagzeilen sorgt. Schuld daran ist die Kontinentalverschiebung: Tief unter der Südküste Alaskas und der Aleutenkette schiebt sich die Pazifische Platte unter die Nordamerikanische. Die entstehenden Spannungen und Risse lassen die Region nicht zur Ruhe kommen. Allein in historischer Zeit sind rund 40 Vulkane Alaskas ausgebrochen. Die schwerste Eruption war 1912 im heutigen Katmai National Park, aber auch in jüngster Zeit gibt es Ausbrüche zu vermelden: 1986 der Mt. Augustine im Cook Inlet, 1992 der Mt. Spurr westlich von Anchorage. Ähnlich verhält es sich mit den Erdbeben: Das Karfreitagsbeben von 1964 war mit 8,6 auf der Richter-Skala sogar das heftigste je gemessene Beben Nordamerikas. Damals entstand in den Hafenorten Südalaskas großer Schaden, doch die meisten Erdbeben verlaufen relativ glimpflich, da sie vor allem weit draußen in den menschenleeren Aleuten passieren.

Eskimos und Indianer

Von den knapp 600 000 Bewohnern Alaskas sind heute rund 100 000 Nachfahren der einstigen Herren des Landes: Im Südosten

STICHWORTE

leben Tlingit-, Haida- und Tsimshian-Indianer, im Binnenland und im kanadischen Yukon Territory sind es indianische Dene-Stämme, und entlang der Küsten des Polarmeers und der Beringsee sind es Eskimos. Außerdem gibt es noch eine dritte, oft vergessene Volksgruppe der Ureinwohner: die Aleuten, die bis heute auf den Pribilof Islands und in einigen kleinen Orten der Aleutenkette leben.

Während die weißen Alaskaner zumeist in den Städten wohnen, sind die *natives* nach wie vor im weiten Hinterland zu Hause. Sie sind nicht arm, denn ihre Native Corporations – Wirtschaftsunternehmen, die die Gelder aus ihrer 1971 unterzeichneten Abtretung Alaskas an die USA investieren – machen zumeist gute Profite. Dennoch existiert längst keine heile Welt in den kleinen Dörfern: Alkohol und Langeweile sind die größten Probleme. Das Leben der Jäger von einst hat seinen Sinn verloren, die Kultur der Weißen kann die alte Lebensweise nicht ersetzen.

Gold

Kein anderer Rohstoff hat die Geschichte Alaskas so bestimmt wie das Gold, kein anderer hat mehr Menschen angelockt, mehr Träume ausgelöst – und mehr Tragödien. Schon 1848 hatten die Russen auf der Kenai-Halbinsel erste Spuren des gelben Metalls entdeckt. Erst 1880 kam es in Juneau zum ersten echten Goldfund, und wenig später auch in der Fortymile-Region. Dann löste 1896 die Entdeckung der Goldlager am Klondike den größten Goldrausch aller Zeiten aus, und an die 100 000 hoffnungsvolle Goldsucher machten sich auf den mühsamen Weg über den Chilkoot Pass. Gold im Wert von 100 Millionen Dollar wurde damals in nur drei Boomjahren gefördert. Weitere große Goldfunde in Nome (1899) und Fairbanks (1902) folgten. Auch heute noch wird geschürft in Alaska, vor allem im Raum um Fairbanks: 1993 waren es knapp 200 000 Unzen Gold im Wert von etwa 70 Millionen Dollar.

Lachse

Der Traum jedes Anglers ist es, einmal in Alaska auf Lachsfang zu gehen. Kein Problem, denn Fische gibt es genug – allein in die Bristol Bay etwa kommen in einem guten Jahr 40 Millionen Sockeye-Lachse zum Laichen. Fünf Arten der begehrten Fische findet man in Alaska: den kleinen Chum und Pink Salmon, den Sockeye-Lachs, auch Red Salmon genannt, den Silberlachs und die berühmteste und größte Spezies, den Königslachs. Über 40 Kilo schwer kann ein King Salmon werden. Ihrem uralten Lebenszyklus zufolge kehren alle pazifischen Lachsarten nach einigen Jahren im offenen Ozean wieder in die Flüsse zurück. Wie auf ein geheimes Signal hin schwimmen sie zu Tausenden gemeinsam stromaufwärts in die Bäche, in denen sie geboren wurden. Dort laichen sie und sterben. Am Geschmack des Wassers erkennen die Fische exakt, in welchen Bach sie zurückkehren müssen. Das Naturschauspiel dieser *salmon runs* läßt sich auch heute noch jeden Sommer in den gut erreichbaren Bächen Südostalaskas und auf der Kenai-Halbinsel beobachten.

Ölpipeline
Das Jahrhundertbauwerk Alaskas: Fast 1300 Kilometer zieht sich das schimmernde Band der Alyeska Pipeline – so heißt sie offiziell – quer durch Alaska von der Prudhoe Bay am Polarmeer bis zum Tankerhafen Valdez am Golf von Alaska. Gut die Hälfte der Strecke liegt sie erhöht auf Stelzen, um den Dauerfrostboden darunter nicht aufzutauen. 78 000 Stelzen sind es insgesamt. Bauzeit für das neun Milliarden Dollar teure Rohr: zwei Jahre. Am 20. Juni 1977 floß das erste Öl – mittlerweile sind es über zehn Milliarden Barrel geworden, die Alaska Wohlstand verschafft haben. Aber auch Probleme: Im März 1989 lief der Tanker »Exxon Valdez« auf ein Riff im Prince William Sound. 42 Millionen Liter Rohöl verseuchten die Küsten Südalaskas bis nach Kodiak Island.

Hoch im Norden macht die Pelzmode durchaus Sinn

Permafrost
Dauerfrostboden entsteht überall dort, wo die durchschnittliche Jahrestemperatur unter null Grad liegt – und das ist in weiten Teilen Alaskas der Fall. Vor allem nördlich der Brooks Range bleibt der Grundwasserspiegel in der Erde über mehrere Jahre hinweg gefroren, und auch im Hochsommer taut nur die oberste Bodenschicht auf. Nicht zuletzt deshalb ist das Wandern oder Häuserbauen im Norden schwer – das Tauwasser auf dem hartgefrorenen Untergrund macht den Boden zum Morast. Die Pflanzen der Tundra wachsen manchmal nur auf einer wenige Zentimeter dicken Bodenkrume, darunter liegt blankes Eis aus alten Seen. Zentralalaska und das Yukon Territory waren während der Eiszeiten nicht von schützenden Gletschern überdeckt, und so konnte der Kälte über Jahrtausende einwirken und den Boden gefrieren. In manchen Regionen reicht der Permafrost über tausend Meter weit in die Tiefe.

Politisches System
Nach gut 100 Jahren als Kolonie Rußlands und weiteren 100 als abhängiges Territorium der USA wurde Alaska 1959 schließlich ein eigenverantwortlicher US-Bundesstaat mit Juneau als Hauptstadt. Dementsprechend sind auch die heutigen politischen Strukturen: Die Legislative besteht aus einem Senat mit 25 Mitgliedern und einem Repräsentantenhaus mit 40 Mitgliedern. Die Regierungsgeschäfte führt ein Governor mit seinem Kabinett, der alle vier Jahre neu gewählt wird. In Washington ist Alaska mit zwei Senatoren und – aufgrund der geringen Bevölkerung – mit nur einem Abgeordneten im Repräsentantenhaus vertreten.

STICHWORTE

Rohstoffe und Wirtschaft

Verarbeitende Industrien und damit eine gesunde Wirtschaftsgrundlage gibt es in Alaska bis heute nicht. Seit der Kolonisierung durch die Russen um die Mitte des 18. Jahrhunderts ist die rücksichtslose Ausbeutung der natürlichen Reichtümer Tradition in Alaska – und das Land hat dies nur durch seine immense Größe bisher verkraftet. Pelze und Gold waren die früher ausgebeuteten Schätze, heute steht das Öl an erster Stelle der genutzten Rohstoffe – und bringt dem Staat das meiste Geld. So viel Geld, daß Alaska keine Einkommensteuer erhebt und jedem seiner Bürger sogar einen jährlichen Scheck schicken kann aus den Zinsen des Ölgelds. Mindestens sechs Milliarden Barrel Öl schlummern noch unter der Tundra des North Slope. Weitere wichtige Wirtschaftszweige: Tourismus, Holzfällerei (vor allem in Südostalaska) und Fischerei (im Golf von Alaska und in der Beringsee).

Totempfähle

Die Indianerstämme der Tlingit und Haida im *Panhandle* waren die Schnitzkünstler Alaskas – und die überreiche Natur jener Region gab ihnen genug Muße, sich ihrer Kunst zu widmen. Aus dem weichen Holz der *cedars,* einer Thujaart, schnitzten sie üppig verzierte Masken, Kisten und Kanus. Doch die spektakulärsten Symbole der Northwest-Kultur waren die Totempfähle: Mit Pflanzenfarben grellbunt bemalt, dienten sie als Prestigesymbole und Familienwappen, als hölzerne Mythenerzähler und Chroniken der Clangeschichte. Das Aufstellen eines Pfahls war Anlaß für ein *potlatch,* ein großes Fest, bei dem tagelang getanzt und gegessen wurde.

Die Blütezeit der indianischen Schnitzkunst begann um 1840, nachdem die Indianer von den Weißen Metallwerkzeuge erhalten hatten. Doch die Missionare sahen in den Pfählen Götzenbilder und verboten sie. Erst neuerdings wurde die alte Kunst wiederbelebt: Werkstätten und Schnitzschulen stehen heute in Ketchikan, Sitka und Haines – Zeichen indianischer Renaissance und neuen Stolzes in der Urbevölkerung.

Wildnislodges

Eine der schönsten Möglichkeiten, die Natur Alaskas zu erleben, ist ein Aufenthalt in einer der über den ganzen Staat verstreuten Wilderness Lodges für maximal zehn bis 20 Gäste. Meist sind es idyllische Blockhütten an einem Fjord oder einem See im Hinterland, die nur per Wasserflugzeug zu erreichen sind. Die Einrichtung reicht von rustikal bis luxuriös, die Preise von $ 50 pro Tag bis $ 300. Kajakfahrten, Angeln, Tierbeobachtung und Wildniswanderungen stehen auf dem Programm. Meist wird recht gut und deftig gekocht – Lachs, Krebse, Steaks und manchmal auch Elchstew. Manche Lodges sind sogar trotz ihrer Abgelegenheit für feine Küche bekannt. Auf jeden Fall aber müssen Sie – ähnlich wie auch bei geführten längeren Wildnistouren – Ihren Aufenthalt lange vorab reservieren. Die guten Lodges sind für die Hochsaison oft schon ein halbes Jahr zuvor ausgebucht, also kein Ziel für Kurzentschlossene.

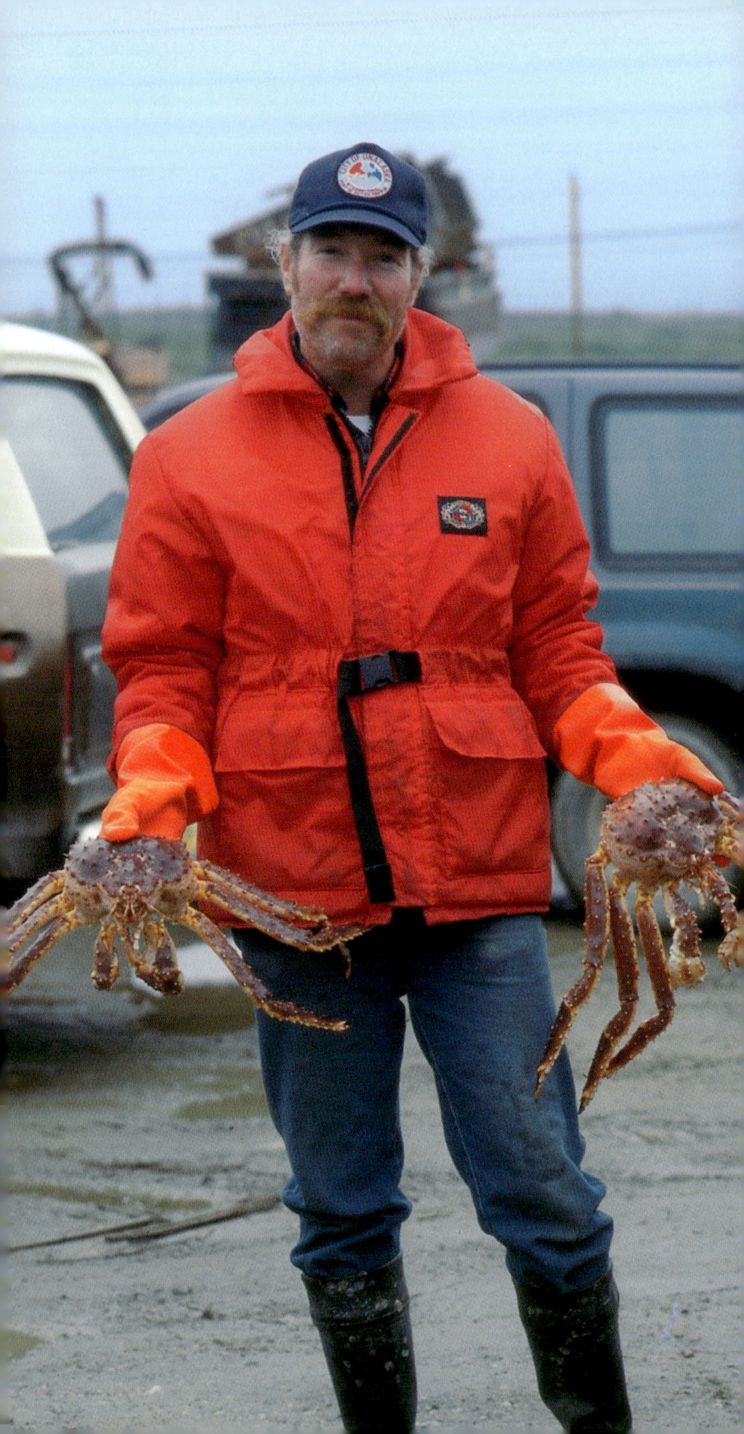

ESSEN & TRINKEN

Muktuk und Rentiersteaks

In den Coffee-Shops regiert die amerikanische Küche, doch es gibt auch echte Alaska-Spezialitäten

Große kulinarische Ereignisse darf man – außer in bezug auf den hervorragenden Lachs – in Alaska nicht erwarten. Es wird handfest amerikanisch gekocht, und die Portionen sind üppig. Auch in den kleinen Restaurants der Roadhouses am Highway oder in den Lodges werden ausgezeichnete Steaks gebrutzelt und deftige Eintöpfe gerührt: gerade richtig für den bedürftigen Wanderermagen!

Nicht verpassen dürfen Sie natürlich den Fisch: Frischer Lachs und Heilbutt aus alaskanischen Gewässern stehen fast überall auf der Speisekarte. Man muß nur aufpassen, daß der Fisch nicht in Einheitspanade frittiert wird, sondern *grilled, sauteed* (gedünstet) oder *broiled* (gebraten) auf den Tisch kommt. Königs- und Silberlachs sind die besten Salmarten. Besonders schmackhaft ist der Silberlachs aus dem Copper River, der wegen des kalten Gletscherwassers ein von feinen Fettschichten durchwachsenes Fleisch besitzt. Auch Muscheln oder Krebse werden in den Küstenorten oft serviert, dazu gibt es bißfestes, feinwürziges Sauerteigbrot.

Während das Meer die Küche Alaskas vielfach bereichert, sind die Produkte des Landes spärlicher gesät: Hier und dort serviert ein Roadhouse Blaubeerkuchen, eine Lodge tischt Marmelade aus Tundrabeeren auf, oder es werden gedünstete Fiddlehead-Farne als Beilage gereicht. Mehr kann das karge Land kaum bieten.

Die Preise in den Restaurants liegen relativ hoch, da besonders im Hinterland alles über lange Strecken antransportiert oder sogar eingeflogen werden muß. Als Selbstversorger auf einer Campingtour sollten Sie sich daher schon zu Anfang in den gut bestückten Supermärkten von Anchorage mit allem Nötigen eindecken, in den kleinen Läden im Hinterland beschränkt sich die Auswahl dann meist auf tiefgefrorenes Hamburgerfleisch und Dosengemüse. Für längere Wanderungen sind gefriergetrocknete Speisen am besten, wie sie in allen Sportläden Alaskas erhältlich sind.

Fangfrisch aus der Beringsee: alaskanische Königskrabben

Aber gibt es denn gar keine alaskanischen Spezialitäten? Nun, bei den Eskimos von Barrow könnten Sie zur Jagdzeit Muktuk probieren – Walschwarte, in kleine Stückchen geschnitten und roh gegessen. Ein Leckerbissen für jeden Eskimo – aber für den Europäer sehr gewöhnungsbedürftig. Ein weit ansprechenderes alaskanisches Schmankerl sind dagegen die berühmten riesigen Königskrabben aus den kalten Tiefen der Beringstraße, die in den gehobeneren Restaurants serviert werden.

Man möchte erwarten, in einem so wildreichen Land wie Alaska öfters auch zarte Wildente oder saftige Karibusteaks auf der Speisekarte zu finden. Weit gefehlt! Wildbret darf offiziell nicht verkauft werden, und nur wenige Restaurants haben eine Ausnahmegenehmigung. Die Alaskaner und Kanadier jagen nur für den Eigenverbrauch, und höchstens bei einer Privateinladung kommt man mal in den Genuß von Wildgerichten. Doch die Jagdsaison ist im Herbst – und bis im nächsten Frühjahr die Besucher kommen, sind die Elchsteaks schon längst in die Pfanne gewandert.

Rentiersteaks oder -wurst kommen schon öfter auf den Tisch, denn die Eskimos bei Nome züchten die vor hundert Jahren aus Lappland eingeführten Tiere. Mittlerweile gibt es einige Metzgereien in und um Anchorage, die daraus würziges Dörrfleisch oder Wurst herstellen. Doch alles, was die Wildnis sonst liefert, müssen Sie sich schon selbst holen: leckere Forellen etwa aus den Seen und Wildbächen oder süße Heidelbeeren und aromatische Pilze aus den Wäldern. Aber Vorsicht: Essen Sie nur das, was Sie kennen!

Restaurants
Zum Frühstück geht man in den Coffee-Shop, der fast überall zum Hotel oder zur Lodge gehört. Auf der Karte steht allerorten in Alaska das deftige amerikanische Frühstück, das oft den ganzen Tag vorhält. Dazu gehören Eier (*sunny side up* = Spiegelei, *over-easy* = Spiegelei gewendet, *scrambled* = Rührei), Würstchen (*sausage*), Speck (*bacon*) oder Schinken (*ham*) sowie Bratkartoffeln (*hash browns*) und Toast mit Marmelade. Probieren Sie auch einmal *French toast* (Arme Ritter), *pancakes* oder ein Omelette. Wenn Sie nur wenig Hunger haben, sollten Sie ein *continental breakfast* bestellen: Kaffee, Orangensaft und Toast oder Gebäck. Der Kaffee – allerdings oft sehr herzfreundlich dünner – wird kostenlos nachgeschenkt bis zum Abwinken.

Zum Lunch, etwa zwischen zwölf und 14 Uhr, essen die Amerikaner nur kleinere Gerichte, die auf einer separaten Speisekarte (*lunch menu*) aufgeführt sind: z. B. *soup and salad,* ein Sandwich oder einen meist gar nicht schlechten hausgemachten Hamburger.

Das Abendessen (*dinner*) wird in ländlichen Regionen schon zwischen 18 und 19 Uhr serviert, in den Städten etwa von 19 bis 21 Uhr. Zu den Besonderheiten gehört, daß man in den meisten Restaurants einen Tisch zugewiesen bekommt. Ein Schild am Eingang zeigt dies an: *Please wait to be seated.* Familiärer geht es natürlich in den Wildnislodges zu, in denen

ESSEN & TRINKEN

man schon mal beim Abspülen der Blechnäpfe helfen darf. Es gibt aber auch eine ganze Reihe sehr luxuriöser Lodges, in denen bei Kerzenschein auf noblem Porzellan serviert wird und die für ihre ausgezeichnete Küche weithin bekannt sind.

Die auf der Speisekarte des Restaurants angeführten Preise enthalten weder Bedienungsgeld *(tip)* noch die von Ort zu Ort unterschiedliche Steuer. Auf der Rechnung wird dann die Steuer ausgewiesen, das Bedienungsgeld (etwa 15 % vom Rechnungsbetrag) läßt man auf dem Tisch liegen.

Trinken

Alaska ist Bierland. Allerdings sind die meist eiskalt servierten amerikanischen Massenbiere wie Bud oder Coors eher dünn und wäßrig. Es gibt aber auch bessere Biere aus kleinen regionalen Brauereien wie etwa Alaskan Amber und die süffigeren kanadischen Biere wie z. B. Molson Canadian oder Labatt's Blue. Wein bekommen Sie oft nur in besseren Restaurants – dann handelt es sich aber meist um recht gute Tropfen aus Kalifornien.

Wer hochprozentigere Getränke möchte, kann auf amerikanischen Bourbon oder kanadischen Whisky zurückgreifen, der entweder auf Eis *(on the rocks)* oder wie auch Rum oder Gin in verschiedenen Mixgetränken serviert wird. Spezialität des Nordens ist Yukon Jack, ein umwerfend starker Whiskylikör für die langen kalten Winternächte mit den bekannten Nebenwirkungen.

Neben den üblichen Hotelbars in den Städten findet man im Hinterland viele rustikale Bars mit ausgestopften Elchköpfen an der Wand und einem langen Tresen. Oft ist das der beste Platz, um *locals* (Einheimische) kennenzulernen. Eine kanadische Besonderheit ist das *cabaret*, kein Kabarett, sondern eine größere Bar, in der häufig eine Country & Western-Band spielt.

Gastlichkeit am Ende der Welt: Nugget Inn in Nome

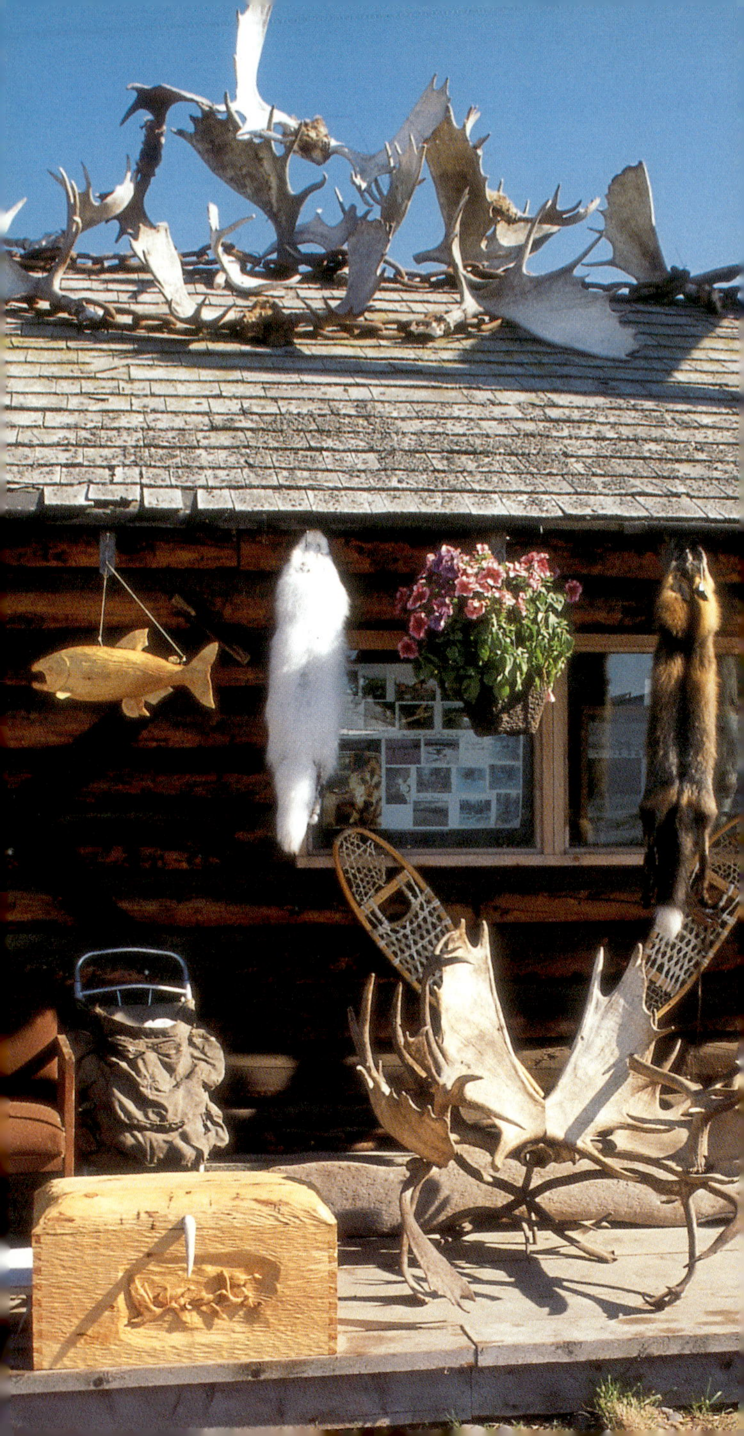

EINKAUFEN & SOUVENIRS

Ulus und Mukluks

Das Leben ist teuer im Norden, aber für einige gute Mitbringsel lohnt sich die Investition

Nur in Anchorage, Fairbanks und wenigen anderen größeren Orten gibt es die typisch amerikanischen Shoppingmalls und Supermärkte. Aber selbst dort liegen die Preise wegen der hohen Transportkosten um bis zu ein Viertel über denen in den südlicheren Staaten. Im Hinterland kosten frische Lebensmittel teilweise noch um 200 bis 300 Prozent mehr als in den Städten. Ausrüstung und allen Grundbedarf für eine Tour kaufen Sie also besser schon in Anchorage.

Souvenirs »Made in Taiwan« finden Sie reichlich in den einschlägigen Shops. Aber es gibt auch schöne Mitbringsel, die tatsächlich aus Alaska stammen: Wie wäre es etwa mit einem Ulu, dem traditionellen Messer der Eskimos, mit dem Sie zu Hause hervorragend Gemüse oder Fleisch würfeln können. Ebenfalls aus der Arktis stammen Parkas mit bunten Stickereien und Strickwaren aus Qiviut, der Wolle der Moschusochsen. Mukluks, die dicken Pelzstiefel der Eskimos, wird man zwar daheim nie brauchen, aber sie machen sich auch als Wandschmuck recht dekorativ.

Wandschmuck à la Alaska

Goldschmuck aus Nuggets wird im kanadischen Yukon Territory und in ganz Alaska angeboten, vor allem in den Goldregionen um Dawson City und Fairbanks. Auch die Landesprodukte eignen sich gut als Mitbringsel: Fireweed-Honig etwa, Räucherlachs oder Marmelade aus alaskanischen Beeren. In den Kunstgalerien locken Gemälde, Schmuck und Skulpturen mit alaskanischen Motiven – viel Kitsch ist darunter, aber auch interessante Werke junger kreativer Künstler und renommierter Kunstschaffender wie Rie Muñoz oder Barbara Lavellee.

Besonders typisch – und leider auch teuer – ist die Kunst der Ureinwohner: Die Dene-Indianer fertigen in alter Tradition Mokassins aus Elchleder, mit Stachelschweinborsten verzierte Körbe und perlenbestickte Jacken. Die Tlingit in Südostalaska, einst berühmt für ihre Totempfähle, schnitzen heute kleinere Objekte und übertragen die stilisierten Tiersymbole ihrer Kunsttradition auf Silberschmuck und Zeichnungen. Die Eskimos schließlich sind berühmt für ihre Skulpturen aus Speckstein und Jade, die auch in renommierten Galerien der Städte zu erwerben sind (Preise ab ca. $ 200).

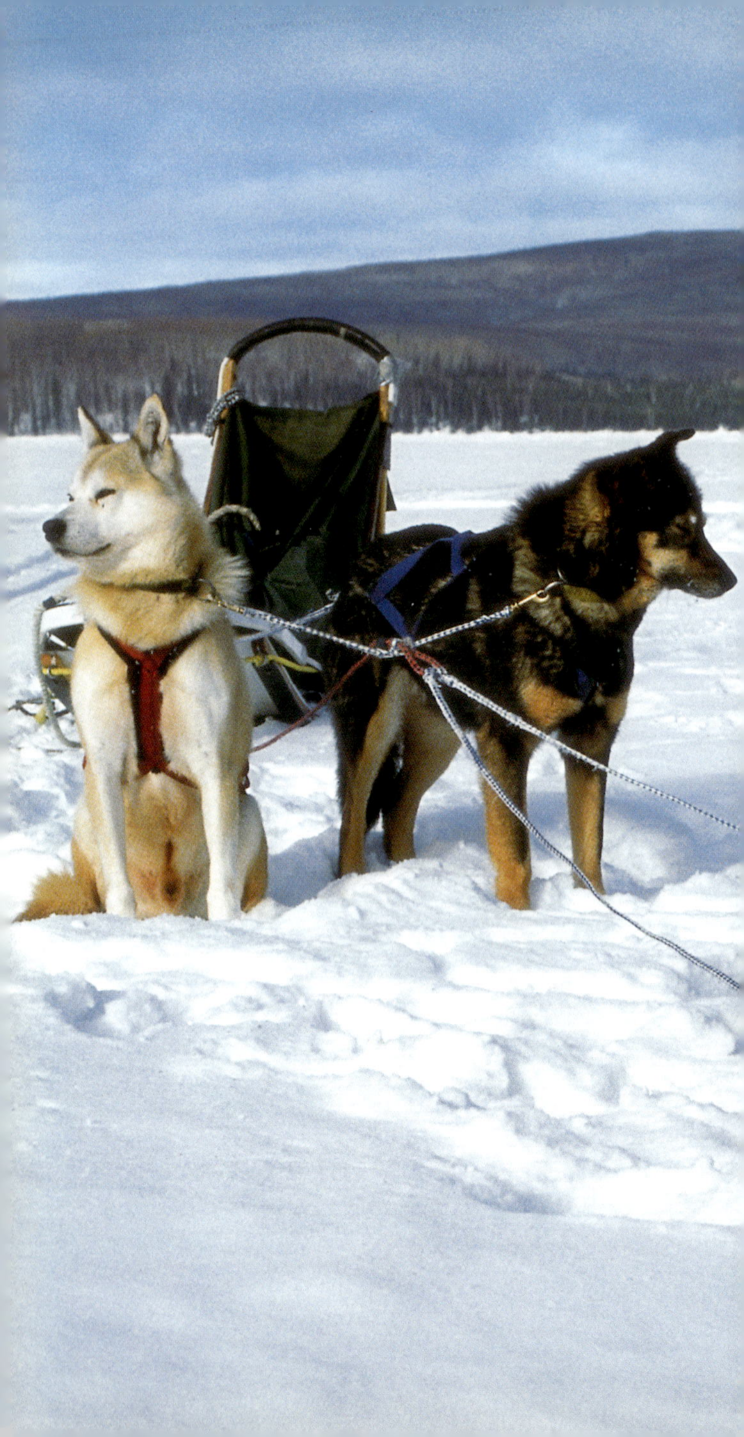

ALASKA-KALENDER

Pionierfeste und Hundeschlittenrennen

Im Sommer wie im Winter sind die Alaskaner zu Parties aufgelegt – auch bei Eiseskälte meist im Freien

Es wird hart gearbeitet in Alaska, aber auch ebenso intensiv gefeiert. Laut, burschikos und hemdsärmelig geht es meist zu, reichlich Bier wird ausgeschenkt, und beim Holzsägen oder bei einem Kanurennen können Sie Ihre Kräfte mit den Naturburschen des Landes messen.

Erlebenswert sind vor allem die Pionierfeste in den kleineren Orten: Mit witzigen Paraden, einem Jahrmarkt und Wettbewerben feiert man die kurze, aber bewegte Geschichte des Nordlands. Erkundigen Sie sich vor Ort im Visitor Center, wo am nächsten Wochenende etwas los ist.

Auch spezielle Interessen werden reichlich bedient: Für die Lachsfischer richtet im Sommer nahezu jeder Küstenort ein *Salmon Derby* aus, für Vogelfreunde gibt es zur Wanderung der Zugvögel im Frühjahr zahlreiche *Bird Festivals* mit Vorträgen und geführten ornithologischen Touren. Im Winter treffen sich die Trapper zur Pelzauktion, und in vielen Orten werden – oft hochdotierte – Hundeschlittenrennen veranstaltet. Nicht umsonst ist *dog sledding* die offizielle Sportart Alaskas. Kirchliche Feiertage fallen in Alaska wie auch in Kanada nicht sehr ins Gewicht, in den Städten sind sogar die meisten Läden geöffnet. Die staatlichen Feiertage werden traditionell auf einen Montag gelegt, so daß ein langes Wochenende entsteht – für viele Alaskaner Anlaß zu einem Kurzurlaub. Zwei dieser verlängerten Wochenenden begrenzen die sommerliche Reisesaison: Der Memorial Day Ende Mai markiert den Anfang der Sommersaison, mit dem Wochenende des Labour Day zu Anfang September endet sie.

OFFIZIELLE FEIERTAGE

An den folgenden Tagen sind Banken, Schulen, Postämter und viele Museen geschlossen:
1. Januar *Neujahrstag*
3. Montag im Januar *Martin Luther King Jr. Day*

Des Trappers treue Freunde

MARCO POLO TIPS FÜR FESTE

1 Iditarod Race
Das härteste und auf jeden Fall berühmteste Hundeschlittenrennen der Welt (Seite 26)

2 Klondike International Outhouse Race
Verrückter geht's kaum: ein Klohäuschen-Rennen! (Seite 27)

3 Talkeetna Moose Dropping Festival
Uriges Pionierfest mit viel Tanz und lustigen Spielen (Seite 27)

4 World Eskimo-Indian Olympics
Sport mal anders: z. B. mit Wettkämpfen im Ohrenziehen (Seite 27)

---

3. Montag im Februar *President's Day*
3. Montag im März *Seward's Day* (zur Feier des Landkaufs von Rußland)
Letzter Montag im Mai *Memorial Day* (Heldengedenktag)
4. Juli *Independence Day*
3. Montag im August *Discovery Day* (im kanadischen Yukon Territory)
1. Montag im September *Labor Day*
18. Oktober *Alaska Day*
11. November *Veterans Day*
3. Donnerstag im November *Thanksgiving Day*

FESTE & FESTIVALS

Februar
Anchorage lädt zum größten Winterfest Alaskas, dem *Fur Rendezvous* mit Winterkarneval, Pelzauktion, Hundeschlitten- und Skirennen sowie Wettbewerben im Schnitzen von Eisskulpturen
Yukon Sourdough Rendezvous. Winterfest der Goldgräber in Whitehorse anläßlich des 1500 km langen Schlittenhunderennens Yukon Quest. Den ganzen Monat über finden in vielen kleinen Orten Alaskas *Schlittenhunderennen* und Winterkarnevals statt: etwa in Nenana, Ketchikan und Valdez.

März
Anchorage: Anfang des Monats Start des berühmten ★ *Iditarod Race*. 1049 Meilen und 14 Tage später kommen die erschöpften Schlittenhunde und -fahrer in Nome am Ufer der Beringstraße an – Anlaß für ein großes Willkommensfest.

April
Fairbanks: *Arctic Man Ski & Sno Go Classic*, ein wildes Rennen mit Motorschlitten-Ski-Gespannen.

Mai
Cordova Shorebird Festival. Anfang des Monats im Delta des Copper River. Der ultimative Treff für Hobbyornithologen und Millionen Zugvögel

Homer richtet zur selben Zeit das *Kachemak Bay Shorebird Festival* aus.

Kodiak Island: Mit Jahrmarkt und Wettbewerben feiert die Insel beim *Crab Festival* ihre legendären Königskrabben.

ALASKA-KALENDER

Juni
Am Wochenende um den 21., zur Sonnenwende, lädt Nome zum *Midnight Sun Festival,* Anchorage zum *Midnight Sun Marathon* und Skagway zu seinem traditionellen *Solstice Picnic.* Das kanadische Dawson City veranstaltet eine große *Party auf dem Midnight Dome,* dem Berg oberhalb der Stadt.

Juli
◉ Die beiden Nationalfeiertage *Canada Day* (1. Juli) und *Independence Day* (4. Juli) sind allerorten Anlaß für Picknicks und Paraden, Feuerwerke und Straßenfeste. Vor allem in Grenzorten wie Hyder, Haines oder Eagle geraten die Feiern zu einer viertägigen Dauerparty.

Dawson City: am 1. Juli *Meisterschaften im Goldwaschen* und ein Wettrennen auf den Midnight Dome

Seward: am 4. Juli traditionelles *Mt. Marathon Race,* ein schwieriges Wettrennen auf den 920 m hohen Hausberg, das bei ziemlich vielen Teilnehmern blutige Blessuren hinterläßt

Talkeetna: am 2. Wochenende des Monats ★ *Moose Dropping Festival,* ein Pionierfest mit Kostümparade und Jahrmarkt

Fairbanks: Bei den *Golden Days* Mitte des Monats gedenkt die Stadt ihrer Goldgräberzeit mit großer Parade, Country-Musik und Kostümfesten. Ende des Monats treffen sich die besten Sportler der Ureinwohner zu den ★ *World Eskimo-Indian Olympics.*

August
Salmon Derbies in Seward, Valdez, Cordova und Juneau

Valdez: *Gold Rush Days.* Ein buntes Pionierfest zu Anfang des Monats

Dawson City: *Discovery Days.* Um den 17. feiert die Stadt den ersten Goldfund im kanadischen Yukon Territory mit Kostümparade und Bootsrennen.

Fairbanks: Holzfäller, Farmer und Goldgräber treffen sich Mitte des Monats zum ◉ *Tanana Valley State Fair,* einer großen Landwirtschaftsausstellung mit viel Country-Musik, Jahrmarkt und der Präsentation der größten Kohlköpfe des Landes. Mitte des Monats folgt in Haines der *Southeast Alaska State Fair,* anschließend gibt es in Palmer den *Alaska State Fair.*

September
Dawson City: Am ersten Wochenende flitzen beim ★ *Klondike International Outhouse Race* allerlei witzig dekorierte Klohäuschen durch die kanadische Stadt – gezogen von kostümierten Goldgräbern.

Kenai, Petersburg, Kodiak und Whittier richten weitere *Salmon Derbies* aus.

Fair-Time in Alaska

Im Spätsommer finden in Fairbanks, Haines und Palmer die State Fairs statt – simple Landwirtschaftsausstellungen möchte man meinen. Doch weit gefehlt: Diese Fairs sind die beste Gelegenheit, die Alaskaner kennenzulernen – bei indianischen Tänzen, Country-Musik, Paraden und Oldtimer-Treffs.

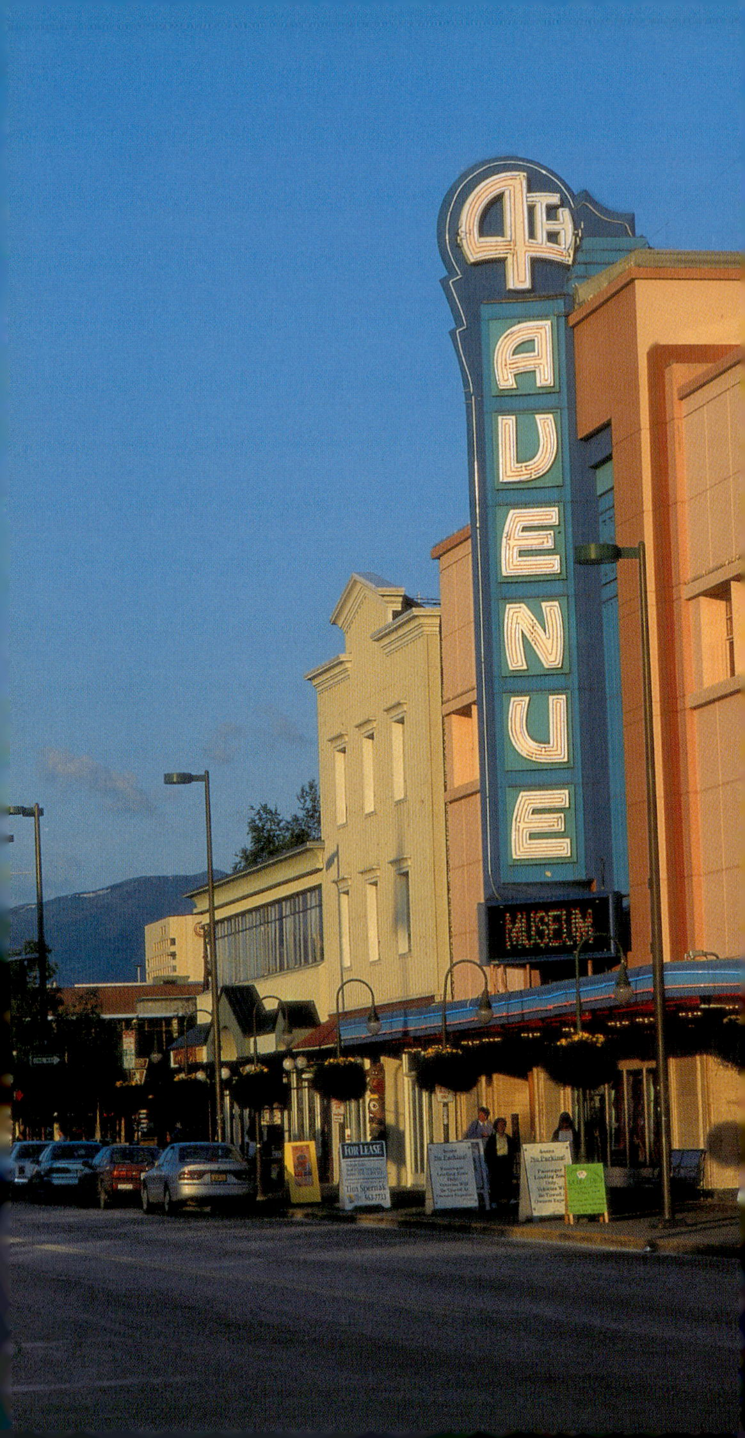
4TH
AVENUE
MUSEUM
FOR LEASE

ANCHORAGE

Die Metropole in der Wildnis

Anchorage ist das Tor zu Alaska – hier beginnen die meisten Touren, hier versorgt man sich für die Wildnis

Die Alaskaner sagen: »Von Anchorage aus kann man Alaska schon sehen«. Was damit gemeint ist, wird beim Anflug auf die einzige Metropole (**C–D 4**) des 49. Bundesstaats deutlich: Der Blick fällt auf eine großflächig angelegte, typisch amerikanische Stadt mit breiten Straßen im Schachbrettmuster, ausufernden Vororten und einigen klotzigen Hochhäusern im Zentrum. Rund 260000 Menschen leben hier, fast die Hälfte aller Alaskaner. Doch gleich am Stadtrand beginnt grandiose Wildnis – im Osten ragen die vergletscherten Chugach Mountains bis auf über 2000 m auf, davor begrenzen zwei schimmernde Meeresarme die breite Küstenebene, in der Anchorage liegt. Bei klarem Wetter sind im Norden sogar die Eisgipfel der Alaska Range mit dem

Fourth Avenue: Die »historischen« Bauten sind gerade mal 50 Jahre alt

---

Hotel- und Restaurantpreise

Hotels
Kategorie 1:
   Hotels und Lodges über $ 150
Kategorie 2:
   gute Hotels und Motels von $ 70–150
Kategorie 3:
   einfache Motels unter $ 70

Die Preise gelten für zwei Personen im Doppelzimmer. Einzelzimmer sind nur unwesentlich billiger. Kinder schlafen im Zimmer mit den Eltern meist kostenlos.

Restaurants
Kategorie 1: über $ 35
Kategorie 2: $ 20–35
Kategorie 3: unter $ 20
Die Preise gelten für ein Abendessen mit Suppe oder Vorspeise, Hauptgericht und Dessert.

Abkürzungen

Av.	Avenue
Bd.	Boulevard
Hwy.	Highway
Mt.	Mount
Rd.	Road
St.	Street

MARCO POLO TIPS FÜR ANCHORAGE

1 Anchorage Museum of History and Art
Die Geschichte Alaskas von den Mammutjägern bis zur Ölpipeline (Seite 31)

2 Lake Hood
Der Flughafen der Buschpiloten: perfekt für eine Tour mit dem Wasserflugzeug (Seite 31)

3 Oomingmak Co-op
Hier gibt es echt alaskanische Mitbringsel: Strickwaren aus der Wolle von Moschusochsen (Seite 33)

4 Portage Glacier
Eisberge und Gletschergipfel ergeben ein Alaska wie aus dem Bilderbuch (Seite 35)

höchsten Berg Nordamerikas, dem 6194 m hohen Mt. McKinley, zu sehen.

Die wilde Natur ist nie weit in Anchorage, mit etwas Glück können Sie die Tierwelt Alaskas sogar schon in der Stadt erleben: Im Ship Creek, nur ein paar Straßen vom Zentrum entfernt, schwimmen im Sommer die Lachse aus dem Cook Inlet flußaufwärts, Weißkopfseeadler kreisen über dem Flüßchen, und in den grünen Vororten passiert es öfter, daß frühmorgens ein Elch im Garten steht oder ein Bär über die Straße läuft. Die Tiere haben sich noch nicht daran gewöhnt, daß dies nun das Reich des Menschen sein soll. Kein Wunder, denn Anchorage ist kaum 80 Jahre alt. Die Stadt entstand erst im Jahr 1915 als Arbeitercamp für den Bau der Alaska Railroad von Seward nach Fairbanks. Innerhalb weniger Monate wuchs am Nordende des Cook Inlet eine Zeltstadt mit knapp 2000 Einwohnern heran. Das weitere Wachstum erfolgte in heftigen Schüben, wie es sich für eine Boomtown des Nordens gehört: während des Zweiten Weltkriegs durch die Errichtung großer Militärstützpunkte, später durch die Ausbeutung der Ölvorkommen im Cook Inlet und schließlich auch an der Prudhoe Bay. Anchorage wurde zum Versorgungszentrum des Staates und zum Sitz der großen Ölfirmen.

Ältere Gebäude gibt es heute kaum in Anchorage. Grund dafür ist das große Karfreitagserdbeben von 1964, das mit einer Stärke von 8,6 auf der Richter-Skala die Stadt fast völlig zerstörte. Seither wurde sie modern und amerikanisch wiederaufgebaut: mit Büroklötzen und Tankstellen, großen Einkaufszentren und Fast-food-Lokalen. Alles nicht besonders aufregend, aber trotzdem kommt man als Alaska-Besucher um Anchorage nicht herum, denn es liegt im Schnittpunkt der wichtigen Highways, bietet die günstigsten Supermärkte und Ausrüstungsläden und ist das beste Sprungbrett in die Wildnis. Von hier starten die Jets der größeren Airlines zu den Orten und Naturparks im Hinterland, von hier aus steuern die Buschpiloten zu idyllischen Seen und Lodges in der Einsamkeit.

ANCHORAGE

BESICHTIGUNGEN

Die kleine Innenstadt um die beiden Hauptgeschäftsstraßen 4th Av. und 5th Av. ist gut zu Fuß zu erkunden, und auch die Orientierung fällt nicht schwer: Von Nord nach Süd sind die Straßen numeriert, von Ost nach West mit Buchstaben bezeichnet. Bester Ausgangspunkt für einen Bummel ist die Ecke 4th Av./F St., an der in einer kleinen Blockhütte das Informationszentrum der Stadt untergebracht ist. Ringsum reihen sich kleine Shoppingmalls wie das hübsch renovierte 4th Avenue Theatre, zahllose Souvenir- und Pelzläden und öffentliche Gebäude wie das postmoderne Performing Arts Center an der 5th Av. Falls Sie ohne Fahrzeug unterwegs sind: An der Ecke 6th Av./G St. liegt der Busbahnhof, von dem aus die Stadtbusse des People Mover in die übrigen Stadtteile verkehren.

Alaska Experience Theatre
Vorführung eines 40minütigen Alaska-Films auf einer gigantischen gewölbten Leinwand. Auch gut als Rückblick zum Schluß der Reise. *705 W 6th Av., tgl. 12–18, im Sommer 9–21 Uhr, Eintritt $ 7*

Lake Hood
★ Eine Sehenswürdigkeit der anderen Art: Der verzweigte See neben dem International Airport ist der größte Wasserflughafen der Welt. An einem normalen Sommertag starten und landen hier rund 800 Flugzeuge. Kaum zu fassen, was hier alles schwimmt und rollt! Vorsicht: Flugzeuge haben Vorfahrt!

Am Südufer des Sees reihen sich die Büros der Buschflieger und der Airtaxi-Gesellschaften, die Rundflüge über die Chugach Mountains anbieten. Die Kosten bewegen sich dabei zwischen ca. $ 80–250 für ein bis drei Stunden Flug mit dem Wasserflugzeug. *Etwa bei Ketchum Air Service, Tel. 243-55 25, oder Alaska Bush Carriers, Tel. 243-31 27*

Resolution Park
Von der Holzplattform unter dem Denkmal von Captain Cook bietet sich ein herrlicher Blick über die Bucht, die der Engländer 1778 entdeckte. Die Gezeiten im Cook Inlet schwanken innerhalb von sechs Stunden um bis zu neun Meter. Im Sommer und Herbst werden hier öfter Wale gesichtet. *Am Westende der 3rd Av.*

MUSEEN

Alaska Aviation Heritage Museum
Alte Fotos und Filme dokumentieren die Geschichte der Fliegerei in Alaska. In großen Hangars am Südufer des Lake Hood sind rund 25 restaurierte Buschflugzeuge zu bewundern. *4721 Aircraft Dr., im Sommer tgl. 9–18 Uhr, Eintritt $ 5,75*

Anchorage Museum of History and Art
★ Die großen Ausstellungen im Obergeschoß geben einen guten Überblick über die Geschichte Alaskas und die Kulturen der Ureinwohner. Die Völkerwanderung über die Beringstraße wird ebenso erläutert wie die moderne Ölexploration. Im Erdgeschoß ist Kunst aus und über Alaska zu sehen. Guter Museumsladen. *121 W 7th Av., im Sommer tgl. 9–18 Uhr, im Winter Mo geschl., Eintritt $ 4*

RESTAURANTS

Gwennie's
◆ Rustikales Lokal mit Pionierflair und kaum zu bewältigenden Portionen. Zum Frühstück gibt's Rentieromelette und deftige Pancakes. *4333 Spenard Rd., Tel. 243-20 90, Kategorie 2–3*

Humpy's Great Alaskan Ale House
★ Bier und junge Leute, dazu kleine Gerichte wie Fisch, Pasta oder Salate. Sehr beliebt zum Lunch oder als Treff für den Abend, wenn Live-Bands spielen. *610 W 6th Av., Tel. 276-23 37, Kategorie 3*

Regal Alaskan
★ Ideal bei sonnigem Wetter: Man sitzt auf der Terrasse, sieht den Wasserflugzeugen zu, trinkt Bier und ißt frischen Heilbutt. *Im Regal Alaskan Hotel, 4800 Spenard Rd., Tel. 243-23 00, Kategorie 3*

Sacks Café
◆ Beliebtes Szenecafé mit asiatisch-italienischen Kreationen auf der Speisekarte. *625 W 5th Av., Tel. 276-35 46, Kategorie 1–2*

Simon & Seaforts
Frischer Lachs und Steaks mit schönem ◊ Blick über den Cook Inlet. *420 L St., Tel. 274-35 02, Kategorie 2*

Thai Cuisine
Zur Abwechslung mal siamesische Kost gefällig? Preiswert und gut zum Lunch – und mitten in der Innenstadt. *444 H St., Tel. 277-84 24, Kategorie 3*

EINKAUFEN

Souvenirs bekommen Sie in den Läden entlang der 4th Av., Ausrüstung und Lebensmittel für die Tour durch Alaska kaufen Sie am besten in den großen Einkaufszentren entlang des Northern Lights Bd. Dort liegen um die Kreuzung mit der Spenard Rd. auch mehrere Sportartikelläden, die große Auswahl an Stiefeln, Schlafsäcken und Zelten bieten.

Dimond Mall
Riesiges Einkaufszentrum mit 140 Läden und Kaufhäusern am Südrand der Stadt. *Old Seward Hwy./Dimond Bd.*

Erst Cheechako, dann Sourdough

Wer frisch in Alaska ankommt, ist nach altem Goldgräberjargon ein *Cheechako*, ein grüner Neuling, der keine Ahnung hat vom Überleben in der Wildnis. Erst nach ein paar Jahren – und Wintern – im alaskanischen Busch wird man zum *Sourdough*. Auch dieser Spitzname, mit dem heute alle Alaskaner bezeichnet werden, kommt aus den Pioniertagen. Damals zogen die Trapper und Goldschürfer immer mit einem Batzen Sauerteig in der Tasche durchs Land, denn aus Sauerteig, Mehl und Wasser konnten sie sich Brot und Pfannkuchen backen – ihre Hauptnahrung. Man brauchte immer nur ein bißchen Sauerteig und konnte den alten mitgeführten Batzen mit Mehl wieder anreichern. Manche dieser Hefekulturen blieben angeblich über Jahre und gar Generationen erhalten – die hohe Kunst der Sourdoughs.

ANCHORAGE

Gary King
Großer Ausrüstungsladen für Angler, Jäger und Camper. *202 E Northern Lights Bd., Tel. 272-54 01*

Oomingmak Co-op
★ Ein Geschenk aus der Arktis gefällig? Hier gibt es Pullover und Schals aus der Wolle von Moschusochsen. *604 H St., Tel. 272-92 25*

R. E. I. Inc.
Großer Sportwarenladen für Hiker, Kajak- und Kanufahrer. *1200 W Northern Lights Bd., Tel. 272-45 65*

6th Avenue Outfitters
Wildnisausrüstung vom Zelt bis zu Thermostiefeln. *520 W 6th Av., Tel. 276-02 33*

HOTELS/UNTERKÜNFTE

Alpine Inn
Gepflegtes Bed & Breakfast-Haus am Hang der Chugach Mountains über der Stadt. Die deutsche Besitzerin arrangiert Touren in die ganze Region und holt die Gäste vom Flughafen ab. *4 Zi., P.O. Box 220004, Anchorage, AK 99522, Tel. 274-15 96, Fax 274-15 87, Kategorie 2*

Anchorage Hotel
Elegantes Hotel mit historischem Ambiente und überaus angenehmem Flair. In bester Lage der Innenstadt. *26 Zi., 330 E St., Tel. 272-45 53, Fax 277-44 83, Kategorie 1*

Chelsea Inn
Einfaches, sauberes Hotel, das auf halbem Weg zwischen Innenstadt und Flughafen liegt. *45 Zi., 3836 Spenard Rd., Tel. 276-50 02, Fax 277-76 42, Kategorie 2*

Days Inn
Solide Mittelklasse am Südrand der Innenstadt. *130 Zi., 321 E 5th Av., Tel. 276-72 26, Fax 278-60 41, Kategorie 1–2*

Hilton Anchorage
Großes Luxushotel im Zentrum. *591 Zi., 500 W 3rd Av., Tel. 272-74 11, Fax 265-70 42, Kategorie 1*

Hostelling Int'l. Anchorage
Komfortable Jugendherberge in der Innenstadt. Infobörse für Rucksack-Traveller und Auskunft über alle Hostels in Alaska. *95 Betten, 700 H St., Tel. 276-36 35, Fax 276-77 72, Kategorie 3*

Stay with a Friend/ Alaska Private Lodgings
Verläßliche Agentur für Bed & Breakfast-Unterkünfte in allen Stadtteilen und Preislagen. *P.O. Box 200047, Anchorage, AK 99520, Tel. 258-17 17, Fax 258-66 13*

SPIEL UND SPORT

Alaska Wilderness Journeys
Mehrtägige Raft-Trips auf Wildwasserflüssen tief im Hinterland Alaskas, z. B. auf dem Copper, dem Aniakchak und dem Noatak River. *P.O. Box 220204, Anchorage, AK 99522, Tel. und Fax 349-29 64*

Alaskan Bicycle Adventures
Geführte einwöchige Radtouren in Alaska und im Yukon Territory. Unterkunft in Hotels. *2734 Iliamna Av., Anchorage, AK 99517, Tel. 243-23 29, Fax 243-49 85*

Angeln
Einige der besten Lachsflüsse liegen gleich nördlich von Anchorage: Susitna River, Deshka River

Im Indianerdorf Eklutna Village: Häuschen für die Seelen der Toten

und Alexander Creek. Von den Airtaxi-Unternehmen am Lake Hood können Sie sich in eine der Angellodges dieser Region bringen oder auch nur für einen Tag zum Angeln fliegen lassen. *Buchung z. B. bei Ketchum Air Service, Tel. 243-55 25, oder Rust's Flying Service, Tel. 243-15 95*

AM ABEND

Zahlreiche Bars und Nachtklubs drängen sich in der Innenstadt und vor allem entlang der Spenard Rd. Wer das pralle Pionier-Nachtvergnügen will, geht zur ✪ *Great Alaskan Bush Company* (631 E International Airport Rd.), um beim Bier den strippenden Mädchen zuzuschauen. Weniger rauhbeinig geht es bei ⚡ *Chilkoot Charlie's* (2435 Spenard Rd.) zu, einem großen Saloon mit zwei Tanzflächen.

AUSKUNFT

Anchorage Convention & Visitors Bureau
Infokiosk an der Ecke W 4th Av./ F St. Postadresse: 524 Wx 4th Av., Anchorage, AK 99501, Tel. 907/ 274-35 31, Fax 278-55 59

Alaska Public Lands Information Center (APLC)
Gutes Informationsmaterial und individuelle Beratung für alle Naturparks in Alaska. Buchung von Campingplätzen und Wildnishütten in den National Forests. *605 W 4th Av., Anchorage, AK 99501, Tel. 907/271-27 37, Fax 271-27 38*

ZIELE IN DER UMGEBUNG

Alyeska Resort/Girdwood   (D 4)
Das breite Tal in den Chugach Mountains, etwa 60 km südöstlich von Anchorage (am Hwy. 1), ist das einzige voll erschlossene (und sogar recht gute) Skigebiet Alaskas – komplett mit Nobelresort und Ferienwohnungen. 1992 hatte man sich hier sogar für die Winterolympiade beworben. Mit der Gondelbahn kann man im Sommer auf den 1201 m hohen *Mt. Alyeska* fahren, oben mit herrlichem ⚡ Blick über Bucht und Berge spazieren gehen oder im Aussichtsrestaurant speisen. Unten im Tal lohnt sich ein Abstecher zur *Crow Creek Mine*, einem fotogenen Goldgräbercamp aus dem Jahr 1898. Ein Nugget wird man hier beim Goldwa-

ANCHORAGE

schen zwar nicht in seiner Pfanne finden, aber Spaß macht's trotzdem. Hinter der alten Mine beginnt ein halbtägiger Wander-Trail zum Raven-Gletscher.

Chugach State Park (**D 4**)
Dieses rund 200000 ha große Naturschutzgebiet in der Gletscherwelt der Chugach Mountains liegt sozusagen vor der Haustür von Anchorage. Bester Zugang ist bei *Eagle River* (etwa 20 km von Anchorage über den Glenn Hwy. und die Eagle River Rd.). Am Ende der Straße liegt das Eagle River Visitor Center (Ausstellungen, Lehrpfade), von dem aus Ranger geführte Wanderungen anbieten. Es ist außerdem Ausgangspunkt eines 40 km langen *Wanderpfads* auf dem alten Iditarod Trail über die Berge nach Girdwood – eine schöne zweitägige Hiking-Tour.

Eklutna Village (**D 4**)
Im kleinen Dorf der Tanaina-Indianer rund 40 km nordöstlich von Anchorage zeugt eine originalgetreu rekonstruierte Missionskirche von der russischen Missionszeit vor 150 Jahren. Sehenswert sind besonders die bunten Geisterhäuschen, in denen die Seelen der Toten wohnen sollen. *Im Sommer tgl. Führungen, Eintritt $ 5*

Portage Glacier (**D 4**)
★ So muß Alaska sein: glitzernde Eisberge im Vordergrund, blaues Wasser und grüne Berge dahinter. Der *Portage Lake* am Ostende des Turnagain Arm ist Alaskas schönstes Ausflugsziel. Jedes Frühjahr brechen vom Portage Glacier, der in den letzten Jahren stark abgeschmolzen ist, große Eisberge ab und treiben in dem kleinen See. Am Westufer wird im *Begich-Boggs Visitor Center* (im Sommer tgl. 9–18, im Winter 10–16 Uhr) der hervorragende Film *»Voices from the Ice«* gezeigt. Die Ranger bieten *naturkundliche Wanderungen* an, darunter auch eine »Eiswurm-Safari«. Ein gut ausgebauter, 2 km langer *Spazierweg* führt vom Parkplatz zum Byron-Gletscher. Bei einer einstündigen Bootsfahrt können Sie dem weit größeren *Portage-Gletscher* näherkommen (tgl. 10.30 bis 16.30 Uhr, Eintritt $ 21). *Rund 90 km östlich von Anchorage auf dem Seward Hwy.*

Turnagain Arm (**D 4**)
Der 70 km lange Fjord südlich von Anchorage trennt die Kenai-Halbinsel vom Festland. Eine Fahrt auf dem *Seward Highway* (Hwy. 1), der dem Nordufer des Fjords folgt, bietet ❋ herrliche Aussichten über die Berge und die großen Wattlandschaften in diesem Seitenarm des Cook Inlet. Gleich am Stadtausgang von Anchorage passiert man den *Potter Marsh,* ein Vogelschutzgebiet mit vielen Wasservögeln (Lehrpfade). Von den folgenden ❋ Aussichtspunkten kann man wie etwa am *Beluga-Point* rund 17 Meilen südlich von Anchorage ab und zu Belugawale sehen, und auf den Klippen klettern oft Bergschafe herum. Der Tidenhub in der Bucht beträgt hier bis zu 10 m – einer der höchsten der Welt. Zweimal am Tag, jeweils etwa 2 $1/2$ Stunden nach dem tiefsten Stand der Ebbe, entstehen Flutwellen, die bis zu 2 m hoch sind. Vorsicht also: Spaziergänge auf den Sandbänken im Turnagain Arm sind lebensgefährlich!

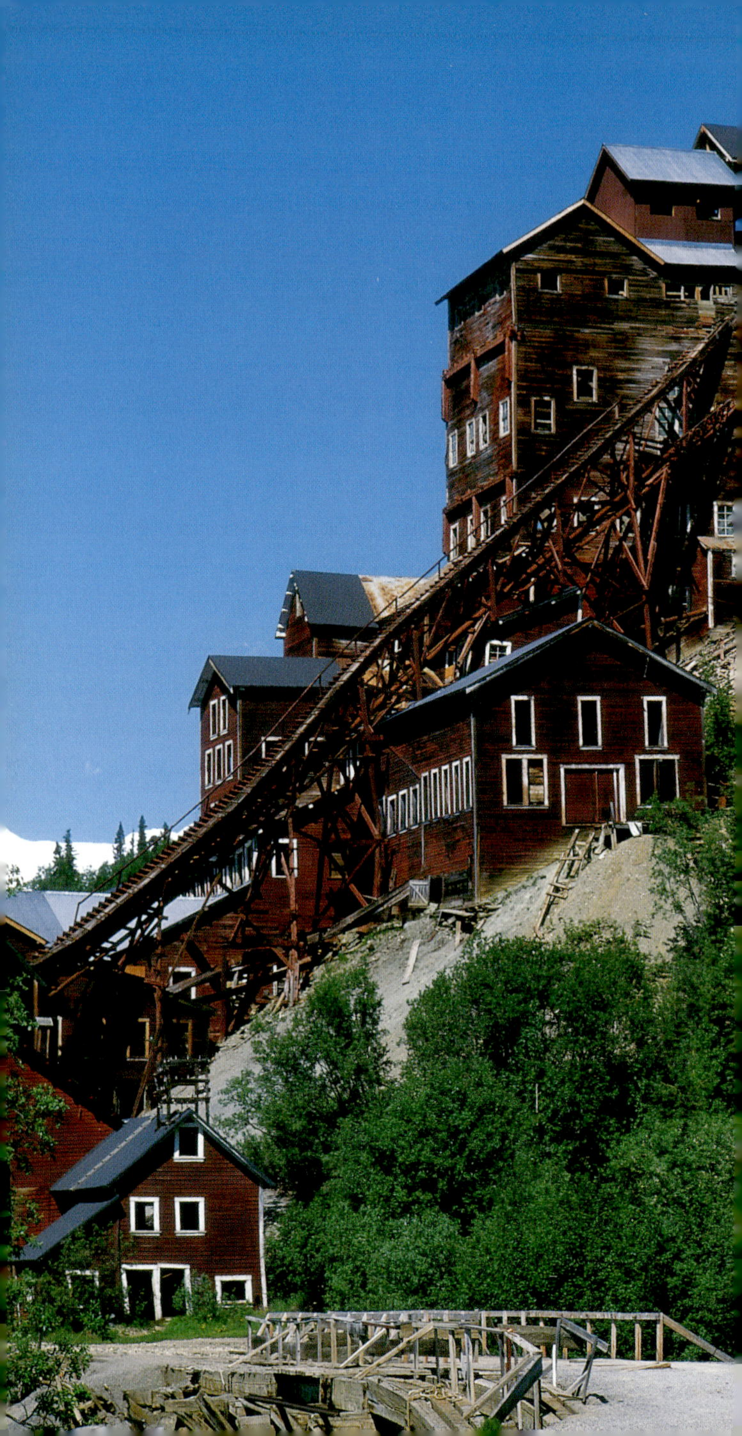

SÜDALASKA/KENAI-HALBINSEL

Alaska aus dem Bilderbuch

Der Süden ist die am besten erschlossene Region
Alaskas – und die spektakulärste

Schneebedeckte Berge und Gletscher, einsame Seen und Wälder, Bären, Adler und Elche – der Süden bietet alles, was man sich von Alaska erwartet und erträumt hat. Keine andere Region des riesigen Landes vereint die landschaftliche Vielfalt und die Tierwelt Alaskas so eindrucksvoll – und dies auf überschaubarem Raum und gut zugänglich. Hinzu kommt, daß auch das Klima recht menschenfreundlich ist, vom nahen Meer gemildert und mit vielen sonnigen Tagen im Sommer.

Gleich südlich von Anchorage beginnt jenseits des Turnagain Arm die Kenai Peninsula, eine gebirgige, gut 200 km lange Halbinsel mit tief eingeschnittenen Fjorden entlang der Südküste, herrlichen Seen im Binnenland und zahllosen Lachsbächen. 80 Prozent der Halbinsel stehen heute unter Naturschutz, doch man findet auch kleine Fischerhäfen, die oft noch auf die russische Zeit zurückgehen.

Östlich der Halbinsel liegt die Fjord- und Inselwelt des berühmten Prince William Sound,

Die Kennecott Mine bei McCarthy

in den die Gletscher der Chugach Mountains münden. Die Winterstürme des Pazifiks sorgen für kräftigen Schneenachschub, so daß diese Bergkette die am stärksten vergletscherte Region ganz Alaskas ist. Regelmäßig werden am Thompson Pass bei Valdez die Schneerekorde Alaskas aufgestellt: Bis zu 30 m wurden schon gemessen, und allein an einem Tag im Dezember 1955 fielen 1,60 m Neuschnee – absolute Spitze!

Südalaska ist heute die am besten erschlossene Region. Zwei geteerte Highways führen über die Kenai-Halbinsel, einer quer durch das Binnenland und ein weiterer nach Valdez an der Südküste. Das war's auch schon – und ist für Alaska trotzdem viel. Die Region eignet sich also gut für eine Camping- oder Autoreise. Wenn Sie die Fähre zwischen Valdez und Whittier rechtzeitig buchen, können Sie sogar eine Rundfahrt unternehmen. Die kleinen Orte am Wegesrand und die zahlreichen, oft herrlich gelegenen Campingplätze bieten dafür eine hervorragende Infrastruktur. Und Möglichkeiten, in die Wildnis auszubrechen, gibt es

Alles für Angler und Wanderer: Ausrüstungsladen in Homer

viele: eine Kanutour am Swanson River etwa oder einen Ausflug in die erhabene Bergwelt des Wrangell-St. Elias National Park, des größten Naturschutzgebiets in Amerika.

GLENNALLEN

(D 3–4) Das langgezogene Straßendorf (1000 Ew.) ist mit seinen Supermärkten und Motels der wichtigste Versorgungsort im Südosten Alaskas. Von hier führt der Glenn Hwy. parallel zu den Schneegipfeln der Chugach Mountains nach Anchorage, der Richardson Hwy. folgt dem breiten Copper River und der Alyeska Pipeline in die Berge nach Süden und klettert nach Norden hin zum Isabel Pass in die Alaska Range.

ZIELE IN DER UMGEBUNG

Copper Center (D 4)
Viel stimmungsvoller als das moderne Glennallen ist dieser alte Pionierort an einer Seitenstraße des Richardson Hwy. Die historische *Copper Center Lodge* serviert deftige *pancakes* zum Frühstück und dicke Steaks am Abend – alles wie früher.

Lake Louise (D 3)
Der große See in der Wildnis nordöstlich von Glennallen lohnt im Sommer für einen Ruhetag – zum Baden, zum Campen am Seeufer und zu einem Drink in der urigen Bar der ✪ Lake Louise Lodge.

HOMER

(C 4) Bei schönem Wetter ist Homer (4300 Ew.) schlichtweg atemberaubend: Hohe schneebedeckte Gipfel und Gletscher umrahmen das schimmernde Wasser der Kachemak Bay, an deren Nordufer das Städtchen liegt. Die fischreiche Bucht ist der Grund für den jüngsten Aufschwung Homers: Es ist ein Dorado der Heilbuttangler, die vom weit in die Bucht hinausreichenden Homer Spit, einer gut 8 km langen Sandbank aus mit den Charterbooten auf Fang gehen. Auf dem

SÜDALASKA/KENAI-HALBINSEL

Spit spielt sich das meiste Leben ab. Aber auch am Festland lohnt sich ein Bummel an der Pioneer Av. mit ihren Restaurants und Galerien, denn angelockt durch die herrliche Lage hat sich in Homer eine Künstlerkolonie etabliert. Die schönsten ⚜ Ausblicke über die weite Bucht haben Sie vom Skyline Dr. und der East End Rd.

MUSEUM

Pratt Museum
Pioniergeschichte, Schiffsmodelle, Aquarien, Ausstellungen über die Tierwelt – rundweg alles über die Region. *3779 Bartlett St., im Sommer tgl. 10–18 Uhr, Eintritt $ 3*

RESTAURANTS

Cafe Cups
☥ Beliebtes alternativ angehauchtes Szenelokal mit guter Küche. *162 W Pioneer Av., Tel. 235-83 30, Kategorie 2–3*

The Saltry
Ausgezeichnetes Fischrestaurant im ⚜ winzigen, idyllisch gelegenen Dorf Halibut Cove auf der Südseite der Kachemak Bay. *Reservierung unter Tel. 235-78 47, Kategorie 2*

EINKAUFEN

Ptarmigan Arts
Verkaufsgalerie einer Künstlerkooperative von 50 Mitgliedern: Bilder, Schmuck, Holzskulpturen, Seidenmalerei. *431 Ptarmigan Av.*

HOTELS/UNTERKÜNFTE

Bay View Inn
Freundliches Motel auf einer ⚜ hohen Klippe über der Bucht. *14 Zi., Meile 170, Sterling Hwy., Tel. 235-84 85, Fax 235-87 16, Kategorie 2*

MARCO POLO TIPS FÜR SÜDALASKA UND DIE KENAI-HALBINSEL

1 Kanufahren
Paddelrouten zu den Elchen: auch für Einsteiger (Seite 41)

2 Kenai Fjords Wilderness Lodge
Perfektes Wildnisidyll auf einer einsamen Insel (Seite 43)

3 McCarthy
Spektakuläre Landschaften und eine Fast-Geisterstadt im größten National Park Amerikas (Seite 47)

4 Prince William Sound
Gletscher, Fjorde und als Krönung wildromantische Panoramen (Seite 45 und 46)

5 Salty Dawg Saloon
Mindestens ein Bier wert: die urigste Fischerkneipe der Region (Seite 40)

6 Seldovia
Bootsausflug zu Vogelkolonien und einem alten Fischerort aus russischer Zeit (Seite 40)

Harmony Point Lodge
Gepflegte Wildnislodge mit sehr engagierten Besitzern. Ideal für den Aktivurlaub. *4 Hütten, P.O. Box 110, Seldovia, AK 99663, Tel. 234-78 58, Fax 234-74 88, inkl. Vollpension Kategorie 1*

Heritage Hotel
Gutes Mittelklassehotel im Blockhausstil. *36 Zi., 147 E Pioneer Av., Tel. 235-77 87, Fax 235-28 04, Kategorie 2*

Kachemak Bay Lodge
Klassische Wildnislodge zum Naturerleben auf der Südseite der Kachemak Bay. *6 Zi., P.O. Box 956, Homer, AK 99603, Tel. 235-89 10, Fax 235-89 11, inkl. Vollpension Kategorie 1*

SPIEL UND SPORT

Alaska Maritime Tours
Tagestouren zu Vogelkolonien und Fjorden der Kachemak Bay. *Am Homer Spit, Tel. 235-24 90*

Central Charters
Heilbutt-Charters und Exkursionen in die Kachemak Bay. *Am Homer Spit, Tel. 235-81 32*

AM ABEND

Salty Dawg Saloon
★ Die berühmteste und urigste Kneipe der Kenai-Halbinsel: mit Sägemehl auf dem Boden und Rettungsringen an der Wand. *Am Homer Spit*

AUSKUNFT

Homer Chamber of Commerce
Infozentrum am Sterling Hwy., P.O. Box 541, Homer, AK 99603, Tel. 235-53 00, Fax 235-87 66

ZIEL IN DER UMGEBUNG

Seldovia (C 4)
★ Das weltabgeschiedene malerische Fischerdorf auf der Südseite der Kachemak Bay, das bereits anno 1795 von den Russen gegründet wurde, lohnt einen Tagesausflug. Oder Sie bleiben über Nacht im Boardwalk Hotel *(14 Zi., Tel. 234-78 16, Kategorie 2)*. Touren und Fährservice mit der »Danny J«: *Tel. 296-22 23*

HOPE

(C-D 4) Einen etwas verwegenen Eindruck macht das historische Goldgräberstädtchen an der Südküste des Turnagain Arm auch heute noch. Die Einwohnerzahl der Fast-Geisterstadt ist von 15 wieder auf rund 250 gestiegen, doch Wildwestfassaden und verfallene Häuser für nostalgische Fotos gibt es noch immer.

SPIEL UND SPORT

Resurrection Pass Trail
Dieser bekannteste und schönste Wandertrail des Chugach National Forest beginnt in Hope. Er zieht sich 61 km nach Süden bis Cooper Landing am Kenai River – vorbei an fischreichen Seen, Wasserfällen und verfallenen Trapperhütten. *Info und Reservierung von Hütten im Alaska Public Lands Information Center in Anchorage*

KENAI/SOLDOTNA

(C 4) Die moderne weitläufige Doppelstadt (11 000 Ew.) an der Mündung des Kenai River in den ölreichen Cook Inlet ist heute ein beliebtes Ziel der Lachsangler.

SÜDALASKA/KENAI-HALBINSEL

Daran, daß Kenai schon 1791 von russischen Pelzhändlern gegründet wurde, erinnert nur noch die von Zwiebeltürmen gekrönte *Holy Assumption Church* (Führungen) auf hoher Klippe über der Flußmündung. Vom nahen ☀ *Beluga Lookout* blickt man weit über den Cook Inlet zu den Vulkanen am Beginn der Aleutenkette.

SPIEL UND SPORT

Alaska Wildland Adventures
Raft-Touren auf dem Kenai River. Wildnistouren auch in anderen Regionen Alaskas. *Meile 50,1, Cooper Landing, Postadresse: P.O. Box 389, Girdwood, AK 99587, Tel. 783-29 28, Fax 783-21 30*

Angeln
Rund 40 000 Königslachse – viele rekordverdächtig groß – werden alljährlich von den Sportanglern aus dem legendären Kenai River gezogen. Besonders beliebt ist der Flußabschnitt bei Cooper Landing und um die Mündung des Russian River in den Kenai. Die zahlreichen Tackle Shops (Angelläden) und Angellodges um Soldotna verkaufen Lizenzen und vermitteln Guides.

Kanutouren
Die große Seenplatte im Kenai National Wildlife Refuge nördlich des Sterling Hwy. bietet zwei ★ Wildnis-Kanurouten, die auch für Anfänger gut geeignet sind: die Swan Lake Route (90 km) und den Swanson River Trail (140 km). Mehrere Kanu- und Ausrüstungsvermieter in Soldotna.

AUSKUNFT

Kenai Visitors Center
Infozentrum mit Museum. *11471 Kenai Spur Hwy., Kenai, AK 99611, Tel. 283-19 91, Fax 283-22 30*

**Kenai National
Wildlife Refuge Center**
Großes Infobüro mit naturkundlichen Ausstellungen und Videos. Auskunft über Kanu- und Wandertouren. *Soldotna, Ski Hill Rd., Tel. 262-70 21, Fax 262-35 99*

Urwelt aus Fels und Eis: der Kenai Fjords National Park

ZIELE IN DER UMGEBUNG

Westküste (C 4)
Der Sterling Hwy. folgt von Kenai aus dem Steilufer nach Süden – oft mit spektakulären Ausblicken über den Cook Inlet. Die dunklen *Sand- und Kiesstrände* am Fuß der Klippen sind ideal für lange Spaziergänge. Bei *Clam Gulch* können Sie nach leckeren Razor Clams (Muscheln) graben. Nicht verpassen: die malerische russisch-orthodoxe *Kirche* des Indianerdorfes Ninilchik.

PALMER

(D 4) Der 3500-Seelen-Ort nordöstlich von Anchorage ist das Zentrum des fruchtbaren Matanuska-Tals, der wichtigsten Farmregion Alaskas. In zahlreichen Gärtnereien können Sie das »Supergemüse« der Region bewundern: Dank der langen Sonnenstunden im Sommer werden z. B. die Kohlköpfe bis zu 30 kg schwer. Noch ein Tip: Wenn zur Hochsaison das nahe Anchorage hoffnungslos überfüllt ist, kann man in den Motels und auf den Campingplätzen in Palmer oft noch Platz finden.

MUSEUM

Iditarod Trail Committee
Ausstellungen über das legendäre Schlittenhunderennen. *Meile 2,2, Knik Rd., im Sommer tgl. 8–17 Uhr, Eintritt frei*

ZIELE IN DER UMGEBUNG

Hatcher Pass Road (D 4)
Die 80 km lange kurvige Schotterstraße von Palmer nach Willow am Parks Hwy. belohnt die Rütteltour mit fabelhaften Ausblicken über die Chugach Mountains und stimmungsvollen Bergwerksruinen wie z. B. der Independence Mine.

Matanuska Glacier (D 4)
In einer tief eingegrabenen Schlucht folgt der Glenn Hwy. dem Matanuska River rund 100 km bis zu seinem Ursprung, dem in herrlichem Schneeweiß strahlenden Matanuska Glacier. Auf einer Privatstraße des Glacier Park Resort können Sie bis ans Eis vordringen.

SEWARD

(D 4) Die einzige Hafenstadt an der Südküste der Kenai-Halbinsel ist typisch für Südalaska: Sie ist von grünen Bergen umrahmt und liegt direkt an einer fischreichen Bucht. Heute leben hier rund 3000 Menschen – vom Lachs- und Heilbuttfang, vom Güterverkehr des Hafens und der Eisenbahn und vom Tourismus, der seit der Gründung des nahen Kenai Fjords National Park 1980 aufblühte.

Die Resurrection Bay, an deren Ende sich der Ort an den Berghang schmiegt, entdeckten schon vor 200 Jahren die Russen, doch der große, ganzjährig eisfreie Naturhafen wurde erst genutzt, nachdem 1903 von hier die Alaska Railroad ins Landesinnere gebaut worden war. Aus der Bahnstation entstand die Stadt, die man ganz patriotisch nach William Seward benannte, dem amerikanischen Innenminister, der 1867 Alaska von den Russen gekauft hatte. Heutzutage wird hier vor allem Kohle nach Korea verladen.

SÜDALASKA/KENAI-HALBINSEL

BESICHTIGUNGEN

Am meisten Trubel herrscht um den *Small Boat Harbor*, aber auch die kleine Innenstadt um die 4th Av., die noch etwas Pionierflair verströmt, verdient einen Bummel: An der Ecke Jefferson Av./3rd Av. zeigt das kleine *Resurrection Bay Historical Society Museum* Ausstellungen zur Stadtgeschichte und über den Iditarod Trail. Einige Schritte weiter können Sie in der *St. Peter's Episcopal Church* (2nd Av./Adams St.) ein Wandgemälde bewundern, das die Auferstehung Christi in die Bucht von Seward verlegt.

RESTAURANTS

Apollo
◉ Italienisch-griechische Küche und natürlich frischer Fisch. *4th Av., Tel. 224-30 92, Kategorie 2–3*

Ray's
Gutes Fischrestaurant mit Blick über den Hafen. *Am Small Boat Harbor, Tel. 224-56 06, Kategorie 2*

HOTELS/UNTERKÜNFTE

Creekside Cabins
Vier einfache gemütliche Blockhütten. Ruhig im Wald gelegen. Sauna und Zeltplatz. *Am Anfang der Exit Glacier Rd., Tel. 224-38 34, Kategorie 3*

Kenai Fjords Wilderness Lodge
★ Herrlich zum Ausspannen und Naturgenießen: drei Blockhütten auf Fox Island, einer kleinen Insel am Eingang des Kenai Fjords National Park. *P. O. Box 695, Seward, AK 99664, Tel. 224-52 71, Kategorie 2*

SPIEL UND SPORT

Adventures & Delights
Ein- und mehrtägige Kajaktouren in der Bucht vor Seward und im Kenai Fjords National Park. *414 K St., Tel. 276-82 82, Fax 278-60 58*

Wandern
An der Jefferson St. beginnt der 5 km lange Trail zum Mt. Marathon, auf dem alljährlich am 4. Juli ein in ganz Alaska berühmtes Rennen ausgetragen wird. Ein anderer, 7 km langer Pfad führt an der Küste nach Süden zum Caines Head, wo sich ein herrlicher Blick über die Fjorde und Inseln bietet. Für längere Touren zu empfehlen sind der Lost Lake Trail und der Primrose Trail durch die Seenlandschaft nördlich von Seward und der 34 km lange Johnson Pass Trail. *Infos und Karten für Wanderungen in der ganzen Region beim Forest Service, 334 4th Av., Tel. 224-33 74*

AUSKUNFT

Seward Visitors Bureau
Infobüro am Seward Hwy. *P. O. Box 749, Seward, AK 99664, Tel. 224-30 46, Fax 224-53 53*

ZIELE IN DER UMGEBUNG

Kenai Fjords National Park (C–D 4)
Der 2790 qkm große Park bewahrt eine von Gletschern geschaffene Fjordlandschaft im Südosten der Kenai-Halbinsel, die bekannt ist für ihren Reichtum an Meeressäugetieren wie Walen, Ottern und Seelöwen. Im Binnenland umschließt er zudem das 1850 qkm große Harding Icefield, aus dem zahlreiche Glet-

scher hinab ins Meer strömen. Das *Visitor Center* des Parks (Dia- und Videovorführungen) liegt am Small Boat Harbor in Seward. Hier beginnen auch die halb- und ganztägigen *Sightseeingfahrten zu den Gletscherbuchten.* Buchung z. B. bei Major Marine Tours (Tel. 224-8030) oder Mariah Tours (Tel. 243-1238). Der vom Harding Icefield gespeiste *Exit Glacier* ist per Auto vom Seward Hwy. aus zu erreichen: Am Ende der Exit Glacier Road beginnt ein kurzer Wanderweg, der an die Eiskante führt.

Seward Highway (**D 4**)
Quer durch die Berge der Kenai-Halbinsel verbindet dieser Highway Seward mit dem 200 km entfernten Anchorage. Vor allem im Südteil der Strecke, um die Seen *Trail Lake* und *Kenai Lake,* finden Sie herrliche ☼ Aussichtspunkte, kleine Lodges und Campingplätze. Interessant ist die *Trail Lake Salmon Hatchery,* in der der Wanderzug der Lachse erläutert wird. Im Bach gegenüber laichen ab Mitte Juli bis in den August hinein die feuerroten *Sockeye-Lachse.*

VALDEZ

(**D 4**) Die »Schweiz Alaskas« nennt sich Valdez (4000 Ew.) gerne, und der Vergleich ist nicht so abwegig. Zwar liegt das Städtchen am Meer und ist damit das Tor zum Prince William Sound, aber die Berge und Gletscher ringsum lassen keine Alpinträume unerfüllt. Gegründet wurde Valdez Ende des letzten Jahrhunderts als Hafen, von dem aus die Goldgräber ins Landesinnere aufbrachen.

Bitte nicht drängeln: Seehunde im Prince William Sound

SÜDALASKA/KENAI-HALBINSEL

Vom alten Valdez ist allerdings nichts mehr übrig – eine Flutwelle des Erdbebens von 1964 zerstörte es völlig.

Das Leben spielt sich vor allem um den *Small Boat Harbor* ab: Restaurants und Shops säumen den North Harbor Dr., davor legen die Sightseeingboote ab. Gegenüber, auf der Ostseite des Valdez Fjord, kann man die großen Tanks des Ölterminals sehen, den *Endpunkt der Alyeska Pipeline* (Reservierung von Führungen unter Tel. 835-2686). Das Öl hat Valdez allerdings auch traurige Berühmtheit beschert – durch den größten Ölunfall in der Geschichte Alaskas: 1989 rammte der Supertanker »Exxon Valdez« ein Riff am Hafeneingang zur Stadt. 42 Mio. Liter Öl strömten in den Golf von Alaska und verseuchten die Küsten bis nach Kodiak Island. Mittlerweile ist vom Öl zumindest oberflächlich nichts mehr zu sehen, und auch die Tierwelt scheint wieder intakt. Seeotter spielen in der Bucht, und am Ortseingang laichen im August sogar wieder Silberlachse in Massen.

MUSEUM

Valdez Museum
Klein, aber interessant: Pioniergeschichte, Ausstellungen über das Erdbeben von 1964 und über die Ölkatastrophe. *217 Egan Dr., im Sommer tgl. 8–19 Uhr, Eintritt $ 2*

RESTAURANT

Mike's Palace
Immer voll und immer gut: Pizza, Fisch und mexikanische Gerichte. *201 N Harbor Dr., Tel. 835-2365, Kategorie 2*

HOTEL/UNTERKUNFT

Downtown B & B Inn
Große Pension im Ortszentrum. *25 Zi., Valdez, 113 Galena Dr., Tel. 835-2791, Fax 835-5406, Kategorie 2*

SPIEL UND SPORT

Anadyr Adventures
Kajakvermietung und geführte Touren in die Gletscherfjorde um Valdez. *Büro am Hafen: P.O. Box 1821, Valdez, AK 99686, Tel. und Fax 835-2814*

AM ABEND

Harbor Club Bar
❂ Beliebter Treff der Fischer. Am Wochenende Live-Musik. *205 N Harbor Dr.*

AUSKUNFT

Valdez Visitors Bureau
200 Chenega St., Valdez, AK 99686, Tel. 835-2984, Fax 835-4845

ZIELE IN DER UMGEBUNG

Cordova (D 4)
Das hübsche weltvergessene Fischernest am Ostende des Prince William Sound ist unter Naturfreunden vor allem als Ausgangspunkt für Touren ins ❇ *Copper River Delta* bekannt. Im Frühjahr sind hier Millionen von Zugvögeln zu beobachten. Im Sommer nisten in den Marschlandschaften Trompeterschwäne und viele andere Wasservögel.

Prince William Sound (D 4)
★ Wale und Robben, Eisberge, Inseln und spektakuläre Fjorde: Die fast 40000 qkm große Mee-

resbucht am Fuß der Chugach Mountains zeigt Alaska von seiner schönsten Seite. Berühmteste Attraktion ist der rund 60 km lange *Columbia Glacier,* der in den letzten Jahren fast 10 km zurückgewichen ist. *Sightseeing-Touren ab Valdez mit Stan Stephens Cruises, Tel. 835-47 31*

Richardson Highway (D 4)
Bereits 1910 wurde von Valdez die erste Wagenstraße Alaskas durch die Berge nach Fairbanks gebaut – der heutige ⚡ Richardson Hwy. Von Valdez durchfährt man zuerst den von Wasserfällen gesäumten *Keystone Canyon,* dann klettert die Straße mit herrlichen Ausblicken über die *Chugach Mountains.* Am ⚡ *Thompson Pass* (845 m) reicht die blendend weiße Eiszunge des *Worthington Glacier* bis fast an die Straße heran.

WHITTIER

(**D 4**) Schön ist Whittier nicht, aber ungewöhnlich: Fast die gesamte Bevölkerung von rund 300 Menschen lebt in ein paar riesigen Militärbauten aus dem Zweiten Weltkrieg, als das Hafenstädtchen ein wichtiger Armeestützpunkt war. Heute ist Whittier – mittlerweile »zivilisiert« – vor allem das westliche Tor in die Wunderwelt des ★ *Prince William Sound:* Im Hafen legen die Tourboote zu Tagesrundfahrten in den spektakulären *College Fjord* ab, Kajakfahrer brechen von hier zu Campingtouren in das Inselgewirr auf, und als Wanderer kann man auf dem *Portage Pass Trail* eine schöne Halbtagestour zu den Gletschern über dem Ort unternehmen.

Auf Straßen ist die Siedlung übrigens nicht zu erreichen: Die *Alaska Railroad* bringt einen (mit Autoverladung) vom Seward Hwy. bei Portage nach Whittier. Von da verkehrt dreimal wöchentlich eine *Fähre* quer durch den Sund nach Valdez (Reservierung bei der Reederei Alaska Marine Highway unbedingt nötig!). Auch ein Ausflug ohne Auto lohnt sich – zu Bootstouren und Wanderungen.

SPIEL UND SPORT

Phillips Cruises
Sechsstündige Sightseeing-Touren mit einem großen Katamaran. Abfahrt im Hafen von Whittier. *Reservierung: 509 W 4th Av., Anchorage, Tel. 276-80 23*

Trail & Sail Adventures
Ein- und mehrtägige Kajak- und Segeltouren im ganzen Prince William Sound. *10801 Trails End Rd., Anchorage, Tel. und Fax 346-12 34*

WRANGELL-ST. ELIAS NATIONAL PARK/ McCARTHY

(**D-E 3-4**) Ein Nationalpark größer als die Schweiz! Gut 50 000 qkm Wildnis mit Vulkanen und Eisfeldern wie dem *Bagley Icefield,* aus dem der 160 km lange *Bering Glacier* fließt. Schon vom ⚡ Richardson Hwy. aus sind Gipfel wie der 4949 m hohe *Mt. Sanford* zu sehen. Im eisigen Herzen des Parks ragen Gipfel wie der *Mt. Saint Elias* sogar auf 5500 m auf. Zusammen mit dem angrenzenden *Kluane National Park* Kanadas

SÜDALASKA/KENAI-HALBINSEL

Wie eisige Autobahnen: Gletscher im Wrangell-St. Elias National Park

wurde dieses noch völlig unerschlossene, erst 1980 gegründete Schutzgebiet zum »Welterbe« erklärt.

Nur zwei Straßen führen in den Park: eine 70 km lange *Schotterpiste* bei Nabesna im Norden und die grandiose, 150 km lange ✷ *McCarthy Road,* die vom Richardson Hwy. zum malerisch verwitterten ★ Bergwerksort *McCarthy* führt. Am Ende der Straße, die übrigens in den kommenden Jahren ausgebaut werden soll, muß man den Wagen am Kennicott River stehenlassen und kann dann zu Fuß weiter in den Ort und zur 5 km entfernten *Kennecott Mine,* einem riesigen verlassenen Kupferbergwerk, vordringen.

HOTELS/UNTERKÜNFTE

Kennicott Glacier Lodge
Der ✷ Blick von der Veranda auf den Kennicott Glacier ist unschlagbar. *25 Zi., Tel. 258-2350, Fax 248-79 75, Kategorie 1; Postadresse: P.O. Box 103940, Anchorage, AK 99510*

McCarthy Lodge
Historisches Hotel in McCarthy. Restaurant, Saloon, Backpacker Hostel. *12 Zi., P.O. Box MXY, Glennallen, AK 99588, Tel. 554-44 02, Fax 554-44 04, Kategorie 2*

SPIEL UND SPORT

Copper Oar
Alaska von seiner wildesten Seite: mehrtägige Schlauchbootfahrten auf dem Copper River. Mountainbike-Vermietung und Bergführer für Klettertouren. *Im alten Kraftwerk von McCarthy, P.O. Box MXY, McCarthy, Glennallen, AK 99588, Tel. und Fax 554-44 53*

Wrangell Mountain Air
Rundflüge über die Gletscher. Transportservice für Wanderer. *McCarthy, Tel. 554-44 00*

AUSKUNFT

Wrangell-St. Elias National Park
Info Centers in Copper Center und Chitina. *Postadresse: P.O. Box 29, Glennallen, AK 99588, Tel. 822-52 34, Fax 822-72 16*

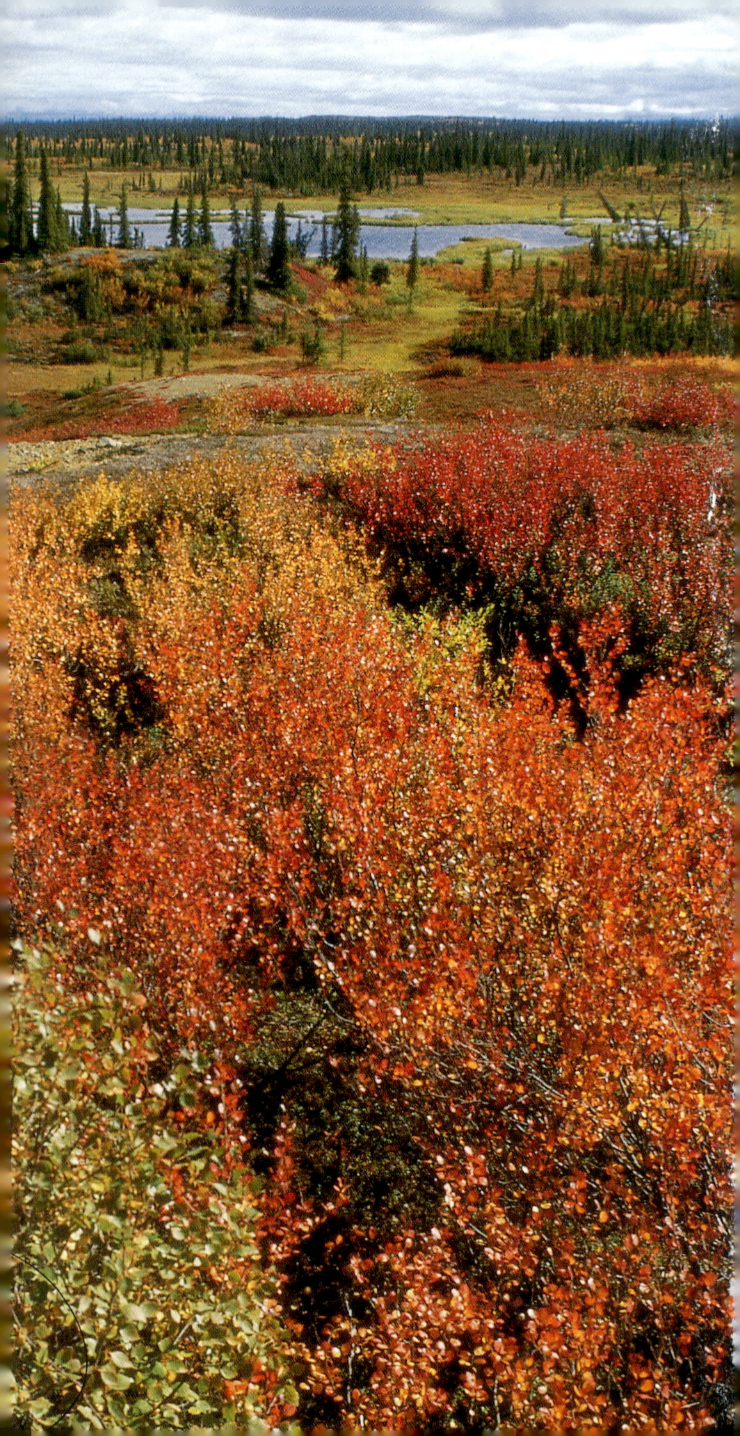

ZENTRALALASKA/FAIRBANKS

Der höchste Berg, der größte Fluß

Unendliche Weite regiert im Land zwischen dem Yukon River und den weißen Gipfeln der Alaska Range

Weithin dominiert der Mt. McKinley das Interior, das Binnenland Alaskas. Er ist der höchste Berg Alaskas – und auch der schönste. Als vereister Solitär ragt er an klaren Tagen wie eine überirdische Erscheinung aus den grünen Vorbergen der Alaska Range auf. 100, ja, mehr als 200 km weit ist er zu sehen. Denali, »der Hohe«, nannten ihn die Indianer – und es gibt Bestrebungen, den weißen Berg wieder so zu benennen, wie auch schon der zugehörige National Park von neuem heißt. Daß der Berg 1897 von einem Goldsucher nach William McKinley, dem damaligen Präsidentschaftsbewerber der USA, benannt wurde, war eher ein Zufall.

Das Interior umfaßt im wesentlichen die Alaska Range und das gewaltige, gut 500 km breite Tal des Yukon River mit seinen Nebenflüssen. 3185 km wälzt sich der größte Strom des Landes von seinen bescheidenen Anfängen in den Coast Mountains des kanadischen Yukon Territory quer durch den Norden des Kontinents zur Beringsee. Niedrige Hügelketten durchziehen das Tal, unendliche Birken- und Pappelwälder erglühen im Herbst im Orange und Gelb des Indian Summer.

Das Schönste am Interior aber ist das Wetter: Aufgrund des Schutzes, den die hohe Barriere der Alaska Range bedeutet, regnet es hier nur ganz selten, und im Sommer steigen die Temperaturen oft auf über 30 Grad. Ganz anders der Winter: Das Interior ist der kälteste Landstrich Alaskas. Im Januar und Februar, wenn die Nordlichter in spektakulären Formationen über den Himmel geistern, bleibt das Thermometer regelmäßig für einige eisige Wochen auf minus 40 Grad hängen.

Die Winter haben wohl auch die Siedler abgeschreckt, denn bis heute ist das Interior trotz des Goldrauschs zur Jahrhundertwende kaum bewohnt. Eine Stadt, ein Dutzend Örtchen – das war's auch schon für eine Region so groß wie halb Deutschland.

Zumindest gibt es jedoch einige Highways, auf denen man das weite Land durchmessen

Herbstfarben am Denali Highway – die bunte Zeit beginnt in Alaska schon Mitte September

MARCO POLO TIPS FÜR ZENTRALALASKA UND FAIRBANKS

1 Denali Park Road
Panoramastraße mit Traumblick auf den Mt. McKinley (Seite 51)

2 K2 Aviation
Klassischer Rundflug über den höchsten Gipfel Nordamerikas, den Mt. McKinley (Seite 55)

3 Santa Claus House
Weihnachten im Sommer: so kitschig, daß es schon wieder schön ist (Seite 55)

4 University Museum Fairbanks
Gold, Mammutstoßzähne und ein 36 000 Jahre alter Steppenbison (Seite 53)

---

kann, Highways zu kleinen Pionierorten im Hinterland, zu Campingplätzen und Wanderrevieren an stillen Waldseen und zu heißen Quellen, in denen schon die Goldgräber ihre müden Muskeln lockerten.

DELTA JUNCTION

(**D 3**) Meile 1422, Alaska Hwy. – »The end of the road«. Seit gut 50 Jahren ist Delta Junction (700 Ew.) das ersehnte Ziel der Überlandfahrer auf dem legendären Alaska Hwy., der tief im Süden im kanadischen Dawson Creek beginnt. Im Mittelpunkt des weit auseinandergezogenen Straßendorfs steht vor dem Visitor Center der offizielle letzte Meilenstein der 1942 erbauten Militärstraße. Von hier führte damals bereits (und heute natürlich auch) der Richardson Hwy. weiter nach Fairbanks bzw. nach Valdez im Süden. Delta Junction ist der einzige Landwirtschaftsort des Interior: Gut 15 000 ha Land wurden in den letzten 20 Jahren gerodet und mit Hafer, Weizen und anderem Getreide bepflanzt.

BESICHTIGUNG

Big Delta State Historical Park (**D 3**) Ein fotogener Zwischenstop: ein kleines Museumsdorf mit einer originalgetreu restaurierten Postkutschenstation aus dem Jahr 1910: *Rika's Roadhouse*. Unmittelbar nördlich davon überquert die ☆ *Alyeska Pipeline* in schimmerndem Bogen den Tanana River. *Meile 275, Richardson Hwy., im Sommer tgl. 8–20 Uhr, Eintritt frei*

DENALI NATIONAL PARK

(**C-D 3**) 1980 wurde der ursprünglich 1917 gegründete Park vergrößert: 24395 qkm umfaßt die Wildnisregion nun, ein Gebiet größer als Hessen. Spektakulärste Attraktion ist natürlich der Mt. McKinley, mit 6194 m der höchste Gipfel Nordamerikas. Doch den Besuch macht vor allem auch die *Tierwelt* in den großen, im Sommer von Wildblumen übersäten Tundragebieten erlebnisreich: Rund 2000 Elche, 3000 Karibus und fast 300 Grizzlies

ZENTRALALASKA/FAIRBANKS

leben im Park, dazu Bergschafe, Füchse, Wölfe, Steinadler und viele kleinere nordische Tierarten. Da der größte Teil des Schutzgebiets oberhalb der Baumgrenze liegt, hat man gute Chancen, die dank des strikten Jagdverbots wenig scheuen Tiere auch tatsächlich zu sehen.

Vom Parkeingang führt die für den öffentlichen Verkehr gesperrte ★ *Denali Park Road* entlang der Nordseite der Alaska Range 135 km weit in den Park, wo man vom *Eielson Visitor Center* und vom *Wonder Lake* aus die schönsten 🌱 Ausblicke auf den Berg genießen kann. Sie können sich auch im Park absetzen lassen und mit einem späteren Bus wieder zurückfahren. Für mehrtägige Wandertouren ins Hinterland muß man sich beim Backcountry Desk des Visitor Center für eine bestimmte Region eintragen. Falls Sie – was zur Hochsaison häufig vorkommt – ein bis zwei Tage auf einen Platz im Bus warten müssen, empfiehlt sich ein Abstecher auf den *Denali Highway,* eine Raft-Tour auf dem *Nenana River* oder ein Besuch bei den *Schlittenhunden* der Park Ranger (täglich Vorführungen in den Dog Kennels bei den Park Headquarters).

TOUREN

★ Bustouren auf der Denali Park Road beginnen am Parkeingang beim Visitor Center, dort werden auch die Tickets für die Busse bis zu drei Tage im vorhinein ausgegeben. Ein Teil der Sitzplätze kann sechs Monate vorab reserviert werden. *Tel. 272-72 75, Fahrpreis $ 12–30, je nachdem, wie weit Sie in den Park fahren wollen*

RESTAURANTS

Denali Dining Room
Solide amerikanische Küche im historischen Eisenbahnhotel am Parkeingang. Für abends ist der ❂ Golden Spike Saloon in zwei alten Waggons der Alaska Railroad sehr beliebt. *Tel. 276-72 34, Kategorie 2–3*

The Perch
Gute Steaks und Fischgerichte mit 🌱 Blick über das Nenana-Tal. *Meile 224, Parks Hwy., Tel. 683-25 23, Kategorie 2*

HOTELS/UNTERKÜNFTE

Camp Denali
Einfache Blockhütten im Herzen des Parks mit fließend kaltem Wasser. 🌱 Traumblick auf den Berg. Naturkundliche Führungen. Lange vorab zu reservieren! *Postadresse: P. O. Box 369, Cornish, New Hampshire, NH 03746, Tel. 603/675-22 48, Fax 675-91 25, inkl. Vollpension Kategorie 1*

Denali Grizzly Bear Cabins
Acht einfache moderne Blockhütten südlich des Parkeingangs. Campingplatz. *Meile 231, Parks Hwy., Tel. 683-26 96, Kategorie 2*

Denali Hostel
🚶 Einfache Backpacker-Unterkunft am Nordrand des Parks. Shuttledienst zum Parkeingang. *30 Betten, P.O. Box 801, Denali Park, Tel. 683-12 95, Kategorie 3*

Denali River View Inn
Kleines Hotel im Blockhausstil mit nur 14 Zimmern am Parkeingang. *P. O. Box 49, Denali Park, AK 99755, Tel. 683-26 63 (im Winter 360/384-10 78), Kategorie 2–3*

Mühsame Futtersuche: Karibus im Denali National Park

Kantishna Roadhouse
Komfortable Wildnislodge am Ende der Parkstraße. Gute Wandermöglichkeiten. *28 Zi., P.O. Box 80067, Fairbanks, AK 99708, Tel. 479-24 36, Fax 479-26 11, inkl. Vollpension Kategorie 1*

AUSKUNFT

Denali National Park
Großes Infozentrum rechter Hand am Parkeingang. Auch Anmeldung für die sieben Campingplätze im Park. *P.O. Box 9, McKinley Park, AK 99755, Tel. 683-22 94, Fax 683-96 11*

EAGLE

(**E 3**) Das nostalgische Goldgräbernest am Ufer des Yukon River ist den langen holprigen Abstecher auf dem Taylor Hwy. wohl wert: Jeden Vormittag Führungen durch die Ausstellungen im *Gerichtsgebäude* von 1901 und im alten *Customs House* sowie das teilweise restaurierte *Fort Egbert* der US Army aus dem Jahr 1899 illustrieren die bewegte Pioniergeschichte. Von hier zogen die ersten Goldgräber zum Klondike, und die großen Yukon-Dampfer fuhren von hier bis zur Beringsee. Nach dem Boom der Jahrhundertwende blieben gerade noch 150 Menschen in dem Städtchen – und mehr sind es auch heute nicht.

Wildnisfans können von hier auf dem Yukon durch die *Yukon-Charley Rivers National Preserve* bis nach Circle paddeln (Auskunft im Park Visitor Center in Eagle).

FAIRBANKS

(**D 3**) Heute spielt Fairbanks (80 000 Ew.) nur noch die zweite Geige hinter Anchorage, doch von der Jahrhundertwende bis lange nach dem Zweiten Weltkrieg war es die wichtigste Stadt Alaskas. Noch heute ist es der Versorgungsort für Zentralalaska und für die Arktis. Von hier aus wurden die großen Ölvorkommen der Prudhoe Bay erschlossen. Von hier aus starten die

ZENTRALALASKA/FAIRBANKS

Buschflieger zu den Eskimodörfern und setzen Geologen und Goldsucher, Schlauchbootfahrer und Wanderer in der Wildnis ab.

Ein Händler, der etwas dubiose Captain Barnette, gründete am Ufer des Chena River 1901 einen kleinen Handelsposten. Als ein Jahr später ganz in der Nähe Gold entdeckt wurde, war die Zukunft der Siedlung gesichert.

Über die nächsten Jahre schwärmten Goldsucher in die gesamte Umgebung aus (und noch heute kann man sie nördlich von Fairbanks in den Hügeln wühlen sehen). Schon 1917 gründete das Städtchen eine Universität, 1923 kam die Eisenbahn, im Zweiten Weltkrieg die US Army, die hier große Stützpunkte einrichtete, und in den 70er Jahren schließlich der Ölboom – ein steter Weg nach oben.

Schön ist die Stadt nicht unbedingt in ihrem kunterbunten Nebeneinander von alten Hütten, neuen Büroklötzen und breiten, von Werbetafeln gesäumten Straßen – aber eben typisch für Alaska. Einen Tag sollten Sie schon einplanen: einmal durch die Downtown um die Cushman Street bummeln, einige Attraktionen besuchen und Vorräte einkaufen, ehe es weitergeht ins einsame Hinterland.

BESICHTIGUNGEN

Alaskaland
Rummelplatz und Freilichtmuseum zugleich: mit fotogenen Pionierhäusern, Shops, einem alten Schaufelraddampfer, Salmon Bake (einer Art Lachspicknick), Goldgrabergerät und Saloon (abends Shows). *Airport Way, im Sommer tgl. 11–21 Uhr, Eintritt frei*

Gold Dredge No. 8
Mitten im historischen Gold District nördlich von Fairbanks erfährt man bei einer Führung durch diese riesige alte Goldwaschanlage alles über das Mining – anschließend können Sie selbst Ihr Glück versuchen. Auf dem Weg passiert man auch die Alyeska Pipeline. *Meile 9, Old Steese Hwy., im Sommer tägl. 9–18 Uhr, Eintritt $ 15*

Riverboat Discovery
Halbtägige Fahrten mit einem Schaufelraddampfer auf dem Chena und dem Tanana River. *Dock am Westende des Airport Way, Reservierung unter Tel. 479-6673, Fahrpreis $ 34*

MUSEUM

University Museum
★ Das schön auf einem Hügel über der Stadt gelegene moderne Museum gibt einen hervorragenden Überblick über Alaskas Natur- und Pioniergeschichte. *Auf dem Campus der University of Fairbanks, im Sommer tgl. 9–19 Uhr, Eintritt $ 5*

TOUREN

Frontier Flying Service
Flugexkursionen nach Nome, Kotzebue und in den Gates of the Arctic National Park. *3820 University Ave., Tel. 474-0014*

RESTAURANTS

Ester Gold Camp
Touristisch, aber recht vergnüglich: Im alten Goldgräbercamp können Sie sich am Heilbuttbuffet laben und danach im Malemute Saloon bechern (abends

Denkmal für die Ureinwohner: die »First Family« in Fairbanks

Shows). *15 Min. westlich am Parks Hwy., Tel. 479-25 00, Kategorie 2–3*

Pike's Landing
❖ Steaks, Fisch und gutes Bier. Terrasse am Flußufer. Sehr guter Sonntagsbrunch. *Meile 4,5, Airport Way, Tel. 479-65 00, Kategorie 2–3*

EINKAUFEN

Große Shoppingmalls finden Sie entlang der University Av. und am Old Steese Hwy. Sport- und Ausrüstungsläden liegen ebenso wie Galerien und Souvenirshops in der Innenstadt um Cushman Av. und 2nd Av.

HOTELS/UNTERKÜNFTE

B & B Reservation Service
Agentur für etwa 50 B & B Inns im ganzen Stadtbereich. *P. O. Box 71131, Fairbanks, Tel. 479-81 65, Fax 474-84 48, Kategorie 1–2*

Bridgewater
Solides Mittelklassehotel im Zentrum der Stadt. *94 Zi., 723 First Av., Tel. 452-66 61, Fax 452-61 26, Kategorie 2*

AUSKUNFT

Fairbanks Visitor Center
550 First Av., Fairbanks, AK 99701, Tel. 456-57 74, Fax 452-28 67

ZIELE IN DER UMGEBUNG

Dalton Highway (D 1–3)
Erst 1994 wurde die Pipelinestraße von Fairbanks nach Prudhoe Bay freigegeben: 666 einsame Kilometer durch die Brooks Range bis zum Eismeer. Das letzte Stück ist aber bis heute gesperrt, die Ölanlagen sind nur bei Führungen zu besuchen. *Mehrtägige Touren auf dem Highway bietet die Northern Alaska Tour Company (Tel. 474-86 00, Fax 474-47 67) ab Fairbanks an.*

Heiße Quellen (D 2–3)
In der weiteren Umgebung von Fairbanks lohnen sich Ausflüge auf Stichstraßen ins Hinterland: Nur eine Fahrstunde entfernt liegt *Chena Hot Springs,* ein Resort Hotel (54 Zi., Tel. 452-78 67, Fax 456-31 22) mit heißen Quellen. Rund 200 km ist es bis *Circle Hot Springs* (herrliches altes Hotel,

ZENTRALALASKA/FAIRBANKS

24 Zi., 10 Hütten, Tel. 520-51 13, Fax 520-54 42), wo schon zur Jahrhundertwende die Goldgräber baden gingen.

North Pole (D 3)
Am Nordpol wohnt der Weihnachtsmann, also schicken amerikanischen Kinder ihre Wunschpostkarten nach North Pole, Alaska. Das ★ Santa Claus House in diesem Vorort von Fairbanks wird allen Weihnachtsgefühlen gerecht – hier klingeln auch im Juli die »Jingle Bells«. *25 km östlich am Richardson Hwy.*

NENANA

(**D 3**) Das Städtchen (500 Ew.) an der Mündung des Nenana in den breiten Tanana River entstand aus einem Dene-Indianerdorf, nachdem ab 1923 die Eisenbahn hierher führte. Das *Alaska Railroad Museum* (im Sommer tgl. 10–17 Uhr) im schön renovierten Bahnhof am Flußufer illustriert jene Zeit. Im Sommer sieht man hier oft auch indianische Fischräder, die wie kleine Schaufelradbagger Lachse aus dem Tanana River schöpfen. Berühmt ist der Ort übrigens in ganz Alaska durch das *Ice Classic*, eine Lotterie, bei der es darum geht, den Zeitpunkt des Eisaufbruchs auf dem Fluß zu erraten. Jeder Alaskaner macht da mit – immerhin lockt ein Gewinn von $ 250 000.

TALKEETNA

(**C 3-4**) Irgendwie ist die Zeit in Talkeetna (400 Ew.) vor 30 Jahren stehengeblieben. Nostalgisches Pionierflair schwebt zwischen den alten Blockhütten und Westernfassaden, und bis heute ist die Main St. die einzige geteerte Straße im Ort. Zwar liegt Talkeetna noch südlich der Alaska Range, doch für die Bergsteiger ist es das Tor zum Mt. McKinley. Der wegen seiner Lage fast am Polarkreis stark vergletscherte Berg ist das Extremziel der internationalen Bergsteigerelite – und so mancher Kletterer liegt am Friedhof neben dem Flughafen begraben. In Bars wie dem ✻ *Swiss-Alaska Inn* treffen sich die Kletterer zum Erfahrungsaustausch, bevor sie sich von ★ K2 Aviation für den Gipfelsturm zum Basiscamp fliegen lassen. *Tel. 733-12 21, auch Sightseeing-Rundflüge über den Berg*

HOTELS/UNTERKÜNFTE

Three Rivers B & B
Vermittlung von Privatzimmern und gemütlichen Blockhütten. *Büro in der Tesoro-Tankstelle, Tel. und Fax 733-27 41, Kategorie 2*

AUSKUNFT

Talkeetna Ranger Station
Auskunftsstelle für Bergsteiger, die den Mt. McKinley wagen wollen. *P. O. Box 588, Talkeetna, AK 99676, Tel. 733-22 31, kein Fax*

TOK

(**D 3**) Ganz Tok (1200 Ew.) scheint nur aus Tankstellen und Motels zu bestehen. Kein Wunder, denn es ist der erste Ort Alaskas, den man auf dem Alaska Hwy. von Süden her erreicht. Nach den Wildnisstrecken im kanadischen Yukon Territory beginnt hier wieder die »Zivilisation«. Zwei große Info Centres helfen bei der Planung der Weiterreise.

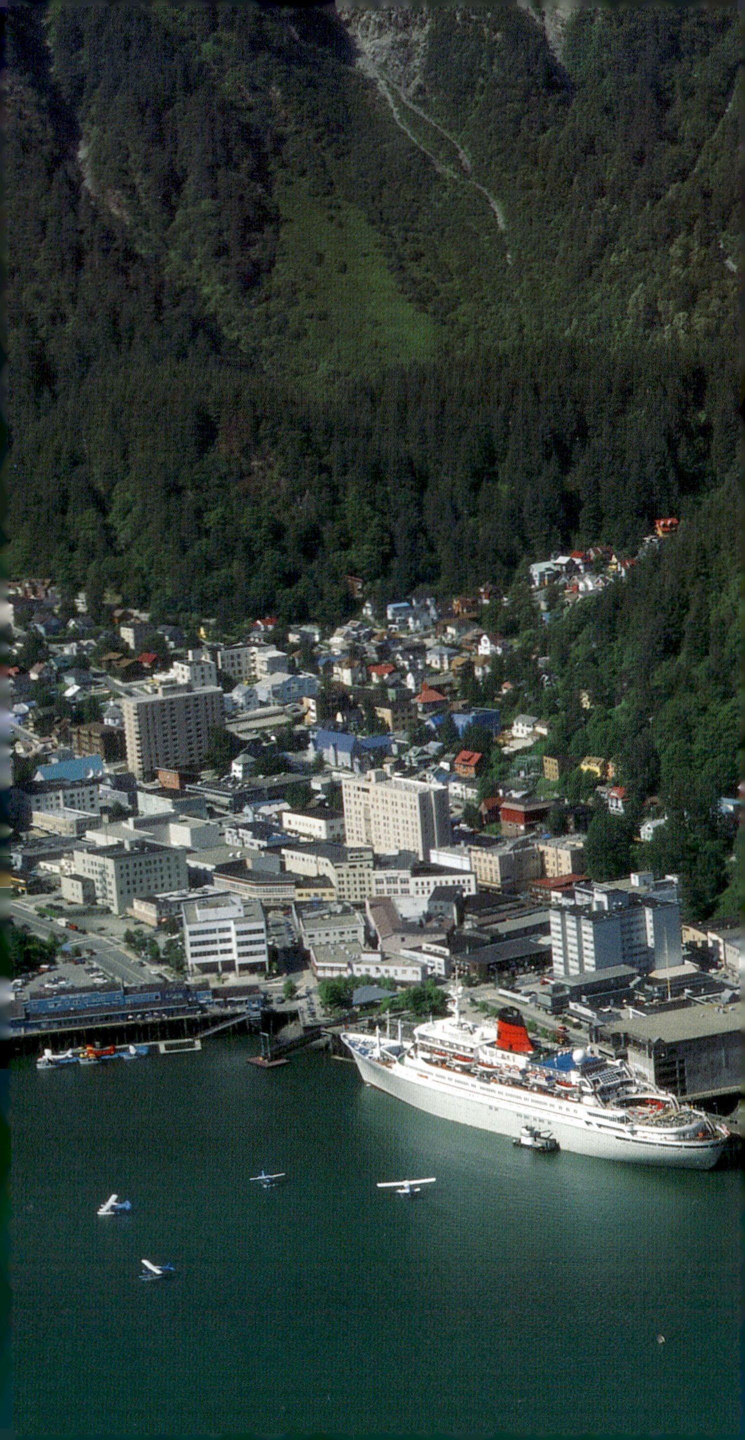

SÜDOSTALASKA/PANHANDLE

Land der Fjorde und der Wälder

Das Insellabyrinth Südostalaskas läßt sich am besten per Schiff erkunden

Vom »Fjord, in den sich Flüsse aus Eis ergießen«, schwärmte schon vor 100 Jahren der amerikanische Naturphilosoph und Forscher John Muir, als er die Glacier Bay bereiste. Die spektakuläre Eisbucht am Nordrand des Panhandle gehört bis heute zu den herausragenden Attraktionen Alaskas – eine Urwelt von kalbenden Gletschern, driftenden Eisbergen und fast 5000 m hohen blendend weißen Schneegipfeln.

Und dennoch treffen die Klischees von Alaska als dem Land der Eskimos und Eisbären für den Panhandle so gar nicht zu. Das Grün der Wälder und das Blau des Meeres sind die vorherrschenden Farben. Bunte Fischerstädtchen und kleine Orte der Tlingit-Indianer, der alten Herren des Landes, liegen weit verstreut im Gewirr der dicht bewaldeten Inseln und Fjorde. Buckelwale und Seelöwen tummeln sich in den Buchten. Das vom Meer bestimmte Klima ist mild – und naß, denn die Wolken des Pazifiks regnen sich hier an den Coast Mountains ab. Beste Voraussetzungen für einen einzigartigen »kalten« Regenwald, in dem jahrhundertealte Sitkatannen und Douglasien wachsen, in dem Farne und Moose üppig sprießen.

Alaskas Südosten ist längst nicht so arktisch, wie man vermuten möchte: Ketchikan, die südlichste Stadt, liegt auf der Höhe von Kopenhagen, die Hauptstadt Juneau immer noch südlich von Stockholm. Panhandle heißt die Region bei den Alaskanern, weil die politische Grenzziehung hier einen schmalen, aber gut 800 km langen Landstreifen geschaffen hat, über den der Staat wie an einem Pfannenstiel am Kontinent hängt. Der größte Teil des Gebiets gehört heute zum knapp 7 Mio. ha großen Tongass National Forest, in dem zahlreiche Wilderness Areas unter besonderem Schutz stehen – Naturparadiese für Kajakfahrer und Wildnisfans. Bis heute sind nur drei Orte des Panhandle, nämlich Hyder, Haines und Skagway, über Straßen mit der Außenwelt verbunden. Was aber nicht bedeutet, daß die Region nicht gut erschlossen wäre: Lachsfischer

Grün in Grün: die Hauptstadt Juneau

und Holzfäller tummeln sich hier seit 100 Jahren und haben zahlreiche kleine Orte gegründet. Angel- und Wildnislodges gibt es zuhauf. Und auf der berühmten Inside Passage, einem geschützten Wasserweg, segelten schon die Goldsucher zu den Reichtümern des Klondike.

Auch heute ist die Inside Passage die schönste Möglichkeit, die grandiose Schärenwelt in Südostalaska zu erobern: luxuriös mit einem der vielen Kreuzfahrtschiffe oder individuell mit den großen Autofähren des Alaska Marine Highway (möglichst lange vorab buchen!). Planen Sie auf jeden Fall einige Stops in den Küstenorten ein und dazu eine Kajaktour oder einige Tage in einer Lodge oder Wilderness Cabin. Und vergessen Sie auf gar keinen Fall Ihr Regenzeug!

GLACIER BAY NATIONAL PARK / GUSTAVUS

(**E 4**) Auf einer Bootstour in die gut 100 km lange »Gletscherbucht« werden alle Alaskaträume wahr: dramatische Eiswälle, steile Fjordwände, Eisschollen, auf denen Robben dösen und – mit etwas Glück – sogar springende Buckelwale vor einer atemberaubenden Kulisse. An die zehn Gletscher strömen in die 110 km lange, weitverzweigte Meeresbucht. Darüber ragt die erhabene Silhouette des 4663 m hohen Mt.

MARCO POLO TIPS FÜR SÜDOSTALASKA UND DEN PANHANDLE

1 Alaska Discovery Expeditions
Wildnistouren vom Feinsten: zu Fuß, im Schlauchboot oder im Kajak
(Seite 62)

2 Bar des Alaskan Hotel
Ein traditionsreicher Saloon: urig, düster und laut (Seite 61)

3 Chilkoot Trail
Wandern auf den Spuren der Goldgräber (Seite 70)

4 Gastineau Salmon Hatchery
Alles, was Sie schon immer über das Leben der Lachse wissen wollten (Seite 61)

5 Glacier Bay Country Inn
Wildnis für Genießer: eine gepflegte Lodge an der Glacier Bay (Seite 59)

6 Misty Fjords National Monument
Fjorde, Seeadler und Wasserfälle: ein Naturparadies zum Staunen (Seite 65 und 66)

7 Sheldon Jackson Museum
Die schönsten Sammlungen über die Kulturen der Indianer und Eskimos (Seite 68)

8 Totem Bight Historical Park
Alaska pur: Totempfähle, Meer und Wald (Seite 64)

SÜDOSTALASKA/PANHANDLE

Glacier Bay National Park, die spektakulärste Attraktion Südostalaskas

Fairweather auf. Kaum zu glauben, daß es diese riesige Bucht vor gut 200 Jahren gar nicht gab: Noch 1792, als Captain Vancouver hier vorübersegelte, lag sie unter einer gut 1200 m dicken Eisschicht. Seither sind die Gletscher zurückgewichen, Wälder und Wildblumen erobern die nackten Felshänge, Bären und mehr als 200 Vogelarten sind hier nun heimisch. Ausgangspunkt für alle Touren in das 1925 gegründete, rund 130 000 qkm große Schutzgebiet ist das Örtchen Gustavus am Südeingang der Bucht (Fährverbindung ab Juneau).

TOUREN

Glacier Bay Tours
Ganztägige Bootstouren im Park ab Bartlett Cove sowie Walbeobachtungsfahrten. Dazu ein breites Angebot von mehrtägigen Touren (auch mit Kajaks) in der ganzen Region und Buchung der *Glacier Bay Lodge* (56 Zi., Kategorie 1–2), der einzigen Unterkunft im Park, zu der außerdem ein kleines Backpacker Hostel gehört. *Postadresse: 520 Pike St., Seattle, WA 98101, Tel. 206/623-24 17, Fax 623-78 09*

HOTELS/UNTERKÜNFTE

Annie Mae Lodge
Familiäre, ruhig gelegene Lodge mit 10 Zimmern am ❦ Südeingang der Bucht. *P. O. Box 80, Gustavus, Tel. 697-23 46, Fax 697-22 11, inkl. Vollpension Kategorie 1–2*

Glacier Bay Country Inn
★ Sehr gepflegte Lodge mit ausgezeichneter Küche. Außerdem gibt es hier zahlreiche Tourangebote. *9 Zi., Gustavus, P. O. Box 5, Tel. 697-22 88, Fax 697-22 89, inkl. Vollpension Kategorie 1*

The Growley Bear
Modernes Bed & Breakfast-Haus im Ort. Einfach, aber nett und sauber. *5 Zi., P. O. Box 246, Gustavus, Tel. 697-27 30, Kategorie 2*

59

SPIEL UND SPORT

Glacier Bay Sea Kayaks
Kajakvermietung für mehrtägige individuelle Touren in der Bay. *P.O. Box 26, Gustavus, Tel. 697-22 57, Fax 697-30 02*

AUSKUNFT

Glacier Bay National Park
Bartlett Cove, Gustavus, AK 99826, Tel. 697-22 30, Fax 697-26 54

HAINES

(**E 4**) Die Adler haben dem alten Tlingit-Ort und Fischerhafen im Nordteil des Panhandle in den letzten Jahren zur Berühmtheit verholfen. Jedes Jahr im Spätherbst sammeln sich im Tal des Chilkat River rund 4000 *Weißkopfseeadler,* um sich an einem späten Lachszug gütlich zu tun – ein einzigartiges Schauspiel für Vogelfreunde und Fotografen. Doch auch im Rest des Jahres ist das vor der dramatischen Kulisse der Coast Mountains gelegene Städtchen (1200 Ew.) recht reizvoll: Viele Adler bleiben auch im Sommer hier, und Sie selbst können auf dem nahen ❧ *Chilkoot Lake* (Campingplatz) Kanu fahren, baden – und Lachse angeln.

Das kleine *Sheldon Museum* (im Sommer tgl. 13–17 Uhr) am Beginn der Main St. erhält das kulturelle Erbe der Tlingit-Indianer: alte Totempfähle und kunstvoll gewebte Decken aus Bergziegenwolle. Mehrere Chartergesellschaften, z. B. L. A. B. Flying Service (Tel. 766-22 22) veranstalten *Sightseeing-Flüge* über die nahe Glacier Bay. Außerdem bietet der Ort auch den schnellsten Straßenanschluß weiter nach Norden: Über den landschaftlich sehr eindrucksvollen *Haines Hwy.* schließt man an den Alaska Hwy. an und gelangt in etwa zwei bis drei Tagen Fahrt bis Fairbanks oder Anchorage.

BESICHTIGUNG

Fort William H. Seward
Der 1904 gegründete Armeeposten steht heute unter Denkmalschutz. Die Häuschen der Offiziers- und Mannschaftsquartiere wurden restauriert und dienen inzwischen als Restaurants und Kulturzentren. Mehrmals pro Woche treten hier die Chilkat Dancers, eine Tlingit-Tanztruppe, auf. *Info unter Tel. 766-20 00, Eintritt frei*

RESTAURANT

Fort Seward Lodge
Steaks und frische Krebse mit ❧ Blick über den Hafen und die Berge. Bar und einfaches Motel (10 Zi.) angeschlossen. *Fort Seward, Tel. 766-20 09, Fax 766-20 06, Kategorie 2*

EINKAUFEN

Chilkat Center for the Arts
In mehreren Werkstätten können Sie indianischen Schnitzern zusehen und die fertigen Produkte kaufen: Masken, Holzschalen oder auch einen echten Totempfahl – für $ 5000. *Im Fort Seward*

HOTELS/UNTERKÜNFTE

Fort Seward B & B
Gemütliche Frühstückspension, die im ehemaligen Haus des Stabsarzts von Fort Seward ein-

SÜDOSTALASKA/PANHANDLE

gerichtet wurde. *6 Zi., P. O. Box 5, Tel. 766-28 56, Kategorie 2–3*

Halsingland Hotel
Schön restauriertes Hotel und B & B in zwei alten Offiziershäusern von Fort Seward. Restaurant und Bar. *60 Zi., P. O. Box 1589, Tel. 766-20 00, Fax 766-24 45, Kategorie 2*

SPIEL UND SPORT

Chilkat Guides
Geführte Schlauchboottouren auf dem Chilkat River durch das Schutzgebiet der Weißkopfseeadler. Auch mehrtägige Raft-Expeditionen. *P. O. Box 170, Haines, AK 99827, Tel. 766-24 91, Fax 766-24 09*

Chilkat State Park
Auf der Halbinsel dieses Schutzgebiets laden gute Wanderwege zu Tagestouren in der herrlichen Fjordlandschaft ein. *Südlich von Haines an der Mud Bay Rd.*

Sockeye Cycle
Rad- und Kajakvermietung. Mehrtägige Radtouren ins kanadische Yukon Territory. *P. O. Box 829, Haines, AK 99827, Tel. 766-28 69*

AUSKUNFT

Haines Visitors Bureau
Infobüro an der 2nd St. Postadresse: P. O. Box 530, Haines, AK 99827, Tel. 766-22 34, Fax 766-31 55

JUNEAU

(**F 4**) Eine Hauptstadt ohne Straßenanschluß an die Außenwelt, ohne Autobahnen oder Renommierbauten – das gibt es nur in Alaska. Und Juneau (27 000 Ew.), im Jahr 1880 anläßlich eines kleinen Goldrauschs gegründet, ist bestimmt die am schönsten gelegene Hauptstadt aller US-Bundesstaaten: zu Füßen des steil aufragenden Mt. Juneau, das dunkle Wasser des Gastineau Channel vor der Haustür. Nur einen einzigen klotzigen Regierungsbau hat man sich geleistet, das *State Office Building* an der Willoughby Av. – von dessen Terrasse im 8. Stock sich übrigens ein herrlicher Blick über die Stadt bietet.

Ein buntes Durcheinander viktorianischer Häuser und moderner Zweckbauten bestimmt das Bild der Innenstadt um die quirlige Franklin St., vor der im Sommer die Kreuzfahrtschiffe anlegen und wo es im *Red Dog Saloon* und in der traditionsreichen ★ *Bar des Alaskan Hotel* abends hoch hergeht. Auch die Seitenstraßen verdienen einen Bummel: An der Gold St./Fifth St. etwa liegt die *St. Nicholas Church* von 1894, und einige Schritte weiter ist an der 7th St. die prächtig renovierte *Residenz des Richters Wickersham* zu besichtigen.

BESICHTIGUNGEN

Gastineau Salmon Hatchery
★ Im Aquarium der Fischzuchtanlage werden die Wasserwelt des Nordpazifiks und die Wanderung der Lachse erläutert. *26197 Channel Dr., tgl. 10–18, Sa 12–17 Uhr, Eintritt $ 2,50*

Mendenhall Glacier
Das Wahrzeichen Juneaus: In breiter Front mündet der Gletscher rund 13 km nördlich der Stadt in einen kleinen See. Visitor

Center, Wanderwege. *Tgl. 8.30 bis 17.30 Uhr, Zutritt frei*

MUSEUM

Alaska State Museum
Eines der führenden Museen: Ausstellungen zur Kultur der Ureinwohner und zur Pioniergeschichte. *395 Whittier St., tgl. 9–18, Sa/So ab 10 Uhr, Eintritt $ 3*

RESTAURANTS

The Fiddlehead
In-Lokal mit kreativer West Coast Cuisine. Ausgezeichneter Fisch. *429 W Willoughby Av., Tel. 586-31 50, Kategorie 2*

Gold Creek Salmon Bake
Ein Lachspicknick mit Goldgräberatmosphäre. Ziemlich touristisch aufgezogen, aber der Lachs schmeckt prima. *1061 Salmon Lane, Tel. 789-00 52, Kategorie 2*

EINKAUFEN

Zahlreiche Kunstgalerien und Touristenshops säumen die Franklin St. der Altstadt. Versuchen Sie es mal in der *Rainsong Gallery* (291 S Franklin St.), bei *Annie Kaill's* (244 Front St.) oder bei *Objects of Bright Pride* (165 S Franklin St.).

HOTELS/UNTERKÜNFTE

Driftwood Lodge
Komfortables Mittelklassehotel in der Innenstadt. *63 Zi., 435 Willoughby Av., Tel. 586-22 80, Fax 586-10 34, Kategorie 2*

Mt. Juneau Inn
Freundliche Pension am nördlichen Stadtrand. *7 Zi., 1801 Old Glacier Hwy., Tel. 463-58 55, Fax 463-54 23, Kategorie 2*

Silverbow Inn
Historisches, schön renoviertes Hotel in der Innenstadt. Sehr gutes Restaurant. *10 Zi., 120 2nd St., Tel. 586-41 46, Fax 586-42 42, Kategorie 1–2*

Thayer Lake Lodge
Einsam gelegene rustikale Wildnislodge auf Admiralty Island. *5 Zi., P.O. Box 211614, Auke Bay, AK 99821, Tel. 789-56 46, inkl. Vollpension Kategorie 2*

SPIEL UND SPORT

Alaska Discovery Expeditions
★ Mehrtägige Campingtouren in allen Regionen Alaskas. Kajakfahrten in der Glacier Bay und um Admiralty Island. Rafting in der Arktis und auf anderen Wildwasserflüssen. *5449-4D Shaune Dr., Juneau, AK 99801, Tel. 780-62 26, Fax 780-42 20*

Alaska Fly'n Fish Charters
Netter Buschpilot, der Flightseeing-, Angel-, und Wildnis-Trips organisiert. Auch Touren zur Bärenbeobachtung am Pack Creek. *9604 Kelly Court, Juneau, AK 99801, Tel. 790-21 20*

Bird's Eye Charters
Ganztägige Bootstouren zu den Eisbergen und Gletschern des Tracy Arm, eines Fjords südlich von Juneau. *Auke Bay, Tel. 586-33 11*

AUSKUNFT

Juneau Visitors Bureau
134 3rd St., Juneau, AK 99801, Tel. 586-22 01, Fax 586-63 04

SÜDOSTALASKA/PANHANDLE

ZIEL IN DER UMGEBUNG

**Admiralty Island/
Pack Creek (F 4–5)**
Die drittgrößte Insel in Südostalaska steht fast gänzlich unter Naturschutz: ein 400 000 ha großes Wildnisparadies. Grizzlies und Seeadler sind häufig, in vielen Bächen laichen von Juli bis September die Lachse. Eine Kanuroute führt quer durch die Insel, die Buchten entlang der Küste kann man mit dem Kajak erkunden, und die Mündung des Pack Creek ist von Mitte Juli bis Ende August hervorragend zur Beobachtung von Grizzlies geeignet (Genehmigung nötig!).
Info: Forest Service, 101 Egan Dr., Juneau, AK 99801, Tel. 586-87 51, Fax 586-79 28

KETCHIKAN

(**F 5**) Ketchikan an der Westküste von Revillagigedo Island ist der erste Hafenort Alaskas, den man per Fähre oder Kreuzfahrtschiff von Süden her erreicht, und recht typisch für die Städtchen des Panhandle. Ein geschäftiger Fischerhafen, umrahmt von tiefgrünen Bergen, eine ebenso geschäftige Front St. mit Saloons, Galerien und Souvenirläden, einige Nebenstraßen, die sich die Küste entlangziehen, und ein Bach, in dem die Lachse springen – fertig ist der Ort.

Rund 14 000 Menschen leben in Ketchikan, damit ist es nach Juneau die zweitgrößte Stadt des Südostens. Holzfällerei, neuerdings auch der Tourismus und

Ganz wie früher: die Creek Street in Ketchikan

Totem Bight Park: Kunst in Holz

vor allem die Fischerei sind die wichtigsten Wirtschaftszweige – nicht umsonst nennt sich Ketchikan stolz die »Hauptstadt des Lachsfangs«. Und es gibt einen weiteren, echten Rekord: Ketchikan ist die Regenhauptstadt Alaskas. Gut 4000 mm Niederschlag fallen hier pro Jahr. Der dichte Regenwald ringsum und das Moos auf den Hausdächern bezeugen es.

In der Innenstadt um die Front St. und die Mill St. herrscht im Sommer tagsüber reger Betrieb, wenn die Passagiere einiger Kreuzfahrtschiffe losgelassen werden. Dennoch kann man entlang der malerischen Promenaden Creek St. und Thomas St., die auf Pfählen über das Wasser gebaut sind, noch den historischen Charme des Städtchens spüren. An der Creek St., bis vor 40 Jahren das Rotlichtviertel des Fischerorts, steht *Dolly's House* (Öffnung nach Bedarf), ein witziges Bordellmuseum. Seriöser wird die Stadtgeschichte auf der anderen Seite des Bachs im *Tongass Historical Museum* (629 Dock St., im Sommer 8.30 bis 17, So ab 13 Uhr) behandelt.

BESICHTIGUNGEN

Totem Heritage Center
Rund 30 alte Totempfähle aus verlassenen Dörfern des Südostens wurden hier zusammengetragen. Ein Lehrpfad führt durch den kleinen Park um das Museum. Auf der gegenüberliegenden Seite des Bachs können Sie in einer Zuchtanlage Näheres über den Lebenszyklus der Lachse erfahren. *601 Deermount St., tgl. 8–17, So ab 9 Uhr, Eintritt $ 2*

Totempfähle
Das künstlerische Erbe der Tlingit-Indianer wird in Ketchikan anschaulich erhalten: Mehrere moderne Pfähle stehen am Hafen, herrliche alte Schnitzwerke können Sie im *Saxman Park* (4 km südlich der Stadt, mit Schnitzschule und Verkaufsgalerie) bewundern. Die stimmungsvollste Anlage aber ist der ★ *Totem Bight Historical Park* (15 km nördlich am Tongass Hwy.), wo umrahmt von Wald an der Küste ein Clanhaus und etwa 15 bunt bemalte historische Pfähle stehen.

RESTAURANTS

Cape Fox Lodge
Elegantes Aussichtsrestaurant auf einem Hügel über der Innen-

SÜDOSTALASKA/PANHANDLE

stadt – sogar mit Zahnradbahn. *800 Venetia Way, Tel. 225-8001, Fax 225-8286, Kategorie 1–2*

Sea Breeze Cafe
❂ Coffeeshop mit Terrasse über dem Wasser. Frischer Fisch und deftige Alaskakost. *1287 Tongass Av., Kategorie 3*

HOTELS/UNTERKÜNFTE

Best Western Landing
Angenehmes Hotel nahe dem Fährterminal am Nordende von Ketchikan. *76 Zi., 3434 Tongass Av., Tel. 225-5166, Fax 225-6900, Kategorie 2*

New York Hotel
Hübsch renoviertes historisches Hotel am Hafen mit nettem Restaurant. *8 Zi., 207 Stedman St., Tel. 225-0246, Kategorie 2*

Waterfall Resort
Angellodge in einer restaurierten alten Konservenfabrik. Völlig abgelegen auf Prince of Wales Island. *40 Zi., P.O. Box 6440, Ketchikan, AK 99901, Tel. 225-9461, Fax 225-8530, Kategorie 1*

Yes Bay Lodge/Mink Bay Lodge
Zwei herrlich gelegene Wildnislodges zum Angeln (Lachse!) und Naturgenießen. Anreise von Ketchikan mit dem Wasserflugzeug. *24 bzw. 12 Zi., Postadresse: 1515 Tongass Av., Ketchikan, AK 99901, Tel. 225-7906, Fax 225-8530, inkl. Vollpension Kategorie 1*

SPIEL UND SPORT

Southeast Exposure
Kajakvermietung und vor allem auch geführte Touren durch das ★ Misty Fjords National Monument. *P.O. Box 9143, Ketchikan, AK 99901, Tel. 225-8829, Fax 225-8849*

AM ABEND

Die Hafenbars von Ketchikan können zwar spätabends manchmal ruppig werden, aber dafür herrscht auch Alaska-Feeling pur. Probieren Sie die ❂ *Pioneer Bar* (Front St./Mission St.) oder die ✸ *Potlatch Bar* (Thomas St.). In beiden treten häufig Live-Bands auf.

AUSKUNFT

Ketchikan Visitors Bureau
131 Front St., Ketchikan, AK 99901, Tel. 225-6166, Fax 225-4250

Southeast Alaska Visitor Center
Infos über alle Naturschutzgebiete der Region, Ausstellungen und Buchung von Wilderness Cabins. *50 Main St., Ketchikan, AK 99901, Tel. 228-6220, Fax 228-2634*

ZIELE IN DER UMGEBUNG

Hyder (F 5)
Ein Goldgräbernest (85 Ew.) wie aus dem Bilderbuch: windschiefe Fassaden, eine staubige Main St. und einige urige Bars, rundherum gletscherbedeckte Berge. Zusammen mit seiner kanadischen Nachbarstadt Stewart liegt Hyder am Ende des *Portland Canal*, eines 145 km langen Fjords, auf dem einmal pro Woche eine Fähre von Ketchikan her verkehrt. Am *Fish Creek* bei Hyder können Sie im August den Königslachsen beim Laichen zusehen – und mit etwas Glück Weißkopfseeadler und Schwarzbären beobachten. Die Schotter-

piste entlang des Fish Creek führt weiter hinauf in die *Coast Mountains* zu herrlichen ❄ Aussichtspunkten über den gut 70 km langen Salmon Glacier.

Misty Fjords National Monument (F 5)
★ Das gut 9000 qkm große völlig unerschlossene Schutzgebiet birgt eine spektakuläre Fjordlandschaft: 1000 m hohe Klippen, stille Bergseen und hohe Wasserfälle. *Sightseeing-Touren ab Ketchikan mit Alaska Cruises (Tel. 225-6044) oder Taquan Air (225-8800)*

PETERSBURG

(F 5) Das 3500-Seelen-Städtchen auf Mitkof Island lebt vor allem vom Lachsfischfang, wie die vielen *Konservenfabriken* (tgl. Führungen) an der langgezogenen Harbour Front beweisen. Nach dem Namen zu urteilen, könnte der Ort eine russische Gründung sein, doch weit gefehlt: 1897 wurde er von norwegischen Siedlern unter Führung eines gewissen Peter Buschmann gegründet – daher Petersburg. Und man ist stolz auf die Geschichte: Manche Häuser – etwa am pittoresken *Hammer Slough* – zeigen noch heute *rosemaling*, die typisch norwegische Volksmalerei, und vor der *Sons of Norway Hall* steht ein trutziges Wikingerschiff. Unmittelbar südlich der Stadt verläuft die Fährroute durch die extrem schmalen *Wrangell Narrows*, einen der spektakulären Abschnitte der Inside Passage.

SPIEL UND SPORT

Tongass Kayak Adventures
Kajakvermietung und geführte Tagestouren. Mehrtägige Fahrten

Krabben satt: Petersburg lebt vom Reichtum des Meeres

SÜDOSTALASKA/PANHANDLE

Der beste Deal: Wilderness Cabins

Alaska ist teuer, doch es gibt eine Möglichkeit, den Traum vom Wildnisurlaub in der einsamen Hütte am See auch preiswert zu verwirklichen. In den National Forests und National Parks im Süden des Landes stehen weit verstreut im Hinterland etwa 250 Public Recreation Cabins, einfache Blockhütten für bis zu sechs Personen, die pro Nacht nur $ 10–25 kosten – für die ganze Hütte! Schlafsack, Kocher und Proviant bringen Sie selbst mit, ein Kanu oder Ruderboot gehört meist zur Cabin dazu. Allerdings müssen Sie noch die Kosten für den Charterflug (ca. $ 150–300) oder das Boot ($ 100–150) aufbringen, das Sie zur jeweiligen Hütte bringt, doch viele liegen auch an Wanderpfaden.

Bis zu sechs Monate vorab können diese Cabins bei den Public Lands Informations Centers (PLICs) reserviert werden, dort erhalten Sie auch eine Liste der verfügbaren Hütten. Aber auch kurzfristig lohnt es sich, in einem der Büros des Forest Service oder im nächsten PLIC nachzufragen: Irgendwo im Hinterland ist auch in den nächsten Tagen noch eine Hütte frei.

im Stikine-Delta. *P. O. Box 787, Tel. 772-46 00, Fax 772-39 40*

Viking Travel
Reservierungsbüro für Walbeobachtungs-Fahrten, Angelcharter und Ausflüge zum LeConte Glacier, dem südlichsten Gletscher Alaskas, der ins Meer mündet. *Am Hafen, P. O. Box 787, Tel. 772-38 18, Fax 772-39 40*

HOTEL/UNTERKUNFT

Tides Inn
Gutes Motel im Ortszentrum. Einige Zimmer mit Küche. Fahrradvermietung. *46 Zi., First St./Dolphin St., Tel. 772-42 88, Fax 772-42 86, Kategorie 2*

AUSKUNFT

Petersburg Visitor's Center
Infobüro Ecke First St./Fram St., P. O. Box 649, Petersburg, AK 99833, Tel. 772-36 46, Fax 772-46 36

SITKA

(**F5**) Rußland läßt grüßen: Zwar ist die ehemalige zaristische Hauptstadt Alaskas (8600 Ew.) an der Westküste von Baranof Island heute eine durch und durch amerikanische Stadt, aber man sieht sich gern als Außenposten des kolonialen Rußlands. Die Shops verkaufen Babuschkapuppen, die Folkloretruppe der New Archangel Dancers zeigt russische Tänze, und der Pope der detailgenau rekonstruierten *St. Michael's Cathedral* ist stolz auf seine originalen Ikonen.

Vom ☆ *Castle Hill,* wo Gouverneur Baranof einst bei der Stadtgründung 1804 seine Residenz erbaute, bietet sich ein herrlicher Blick über die Stadt, die vorgelagerten Inseln und auf Sitkas Hausberg, den Vulkan *Mt. Edgecomb.* Auf dcm Castle Hill wurde übrigens 1867 auch der Kauf Alaskas beurkundet und die amerikanische Flagge erstmals aufgezogen. Im *Centennial Building* am Hafen können Sie im kleinen *Isabel Miller Museum* (im Sommer tgl. 9–17 Uhr) ein Modell der Stadt zu jener Zeit sehen.

BESICHTIGUNGEN

Alaska Raptor Rehabilitation Center
Ein »Pflegeheim« für Weißkopfseeadler und andere Greifvögel: eine gute Gelegenheit, die herrlichen Vögel von nahem zu betrachten. *1101 Sawmill Creek Rd., im Sommer tgl. 9–16 Uhr, Eintritt $ 6*

Sitka National Historical Park
Sehr schöne bunt bemalte Totempfähle und Schautafeln erinnern in der großen ✹ Parkanlage an das alte Dorf der Tlingit-Indianer, das 1804 von den Russen zerstört wurde. Dem Visitor Center angeschlossen ist eine Schnitzwerkstätte, in der Sie den indianischen Künstlern zusehen können. *Am Ostende der Lincoln St., tgl. 8–20 Uhr, Eintritt frei*

MUSEEN

Russian Bishops House
Die originalgetreue Einrichtung des Bischofssitzes aus dem Jahr 1842 zeigt sehr anschaulich das Leben der russischen Kolonialherren vor 150 Jahren. *Lincoln St., im Sommer tgl. 9–16.30 Uhr, Eintritt frei*

Sheldon Jackson Museum
★ Hervorragende völkerkundliche Ausstellungen über die Ureinwohner Alaskas: Schnitzereien der Tlingit, Kajaks der Aleuten und Masken der Eskimos. Das gleichnamige College, auf dessen Gelände das Museum steht, ist übrigens die älteste Schule Alaskas. *104 College Dr., im Sommer tgl. 8–17 Uhr, Eintritt $ 3*

HOTELS/UNTERKÜNFTE

Creek's Edge B & B
Ruhige kleine Pension mit ✹ Blick über die Bucht. Verschiedene Tourangebote. *3 Zi., P. O. Box 2941, Tel. 747-64 84, Kategorie 2*

Westmark Shee Atika
Modernes First-class-Hotel im Zentrum. Geschmackvoll mit indianischer Kunst eingerichtet. Gutes Restaurant und Bar. *98 Zi., 330 Seward St., Tel. 747-62 41, Fax 747-54 86, Kategorie 1*

SPIEL UND SPORT

Baidarka Boats
Kajakvermietung und geführte eintägige Paddeltouren durch die Fjorde bei Sitka. *P. O. Box 6001, Sitka, AK 99835, Tel. 747-89 96*

Sitka's Secrets
Halbtägige Bootstouren in Kleingruppen zur Beobachtung von Ottern, Walen, Vogelkolonien und Adlern. *500 Lincoln St., Tel. 747-50 89*

AUSKUNFT

Sitka Visitors Bureau
Infobüro im Centennial Building am Hafen, P. O. Box 1226, Sitka, AK 99835, Tel. 747-59 40, Fax 747-37 39

SKAGWAY

(**E 4**) Skagway, der nördlichste Hafenort der Inside Passage, war vor hundert Jahren das Ziel der Gold-

SÜDOSTALASKA/PANHANDLE

gräber und hatte damals über 20000 Einwohner. Allerdings nur kurzfristig, denn die Abenteurer mußten von hier im Winter über den grausamen Chilkoot Pass, um rechtzeitig zum Frostaufbruch auf dem Yukon River weiter zum Klondike ziehen zu können. Skagway muß ein wildes Städtchen gewesen sein: ein kunterbuntes Durcheinander von Läden und Saloons, Freudenhäusern und Pferdeställen. Die berüchtigte Bande des Soapy Smith nahm gutgläubigen Neuankömmlingen ihr Geld ab, und Schießereien waren an der Tagesordnung. Sogar eine Eisenbahn wurde im Jahr 1900 von Skagways Hafen am Ende des Lynn Canal nach Whitehorse im kanadischen Yukon Territory gebaut.

Schon nach drei Jahren war jedoch der Goldrausch vorüber – Skagway überlebte nur als kleine Bahnstation für Erztransporte. 1981 wurde eine Straße über den White Pass ins kanadische Yukon Territory gebaut, so daß man nun auf den Spuren der Goldgräber ins Landesinnere reisen kann.

Heute leben in dem malerisch zwischen Bergen eingekeilten Ort wieder rund 700 Menschen, ein neuer Boom hat eingesetzt: Tourismus. Nostalgie ist Trumpf, wie die restaurierten Bauten am Broadway, der Hauptstraße Skagways, beweisen. Allerdings beherbergen sie keine Freudenhäuser mehr, sondern Souvenirläden. Tagtäglich legen im Sommer große Kreuzfahrtschiffe im Hafen an, und ein Strom von Tagesbesuchern ergießt sich über die Stadt. Trotz des Rummels: Ein Bummel zu den Stätten des Goldrauschs lohnt sich. Im Visitors Bureau am Broadway ist eine Walking Tour Map erhältlich, die alle historischen Bauten zeigt – bis hin zum Goldgräberfriedhof, auf dem auch Soapy Smith zu finden ist. Er starb stilecht durch eine Kugel.

MUSEEN

Klondike Gold Rush National Historical Park
Ausgezeichnete Ausstellungen über die Goldgräberzeit im alten Bahnhof. Filmvorführungen. Geführte Rundgänge. *Broadway/2nd Av., im Sommer tgl. 9–18 Uhr, Eintritt frei*

Trail of '98 Museum
Ein witziges Sammelsurium von Relikten der Goldgräber. Schöne historische Fotos. *Im Obergeschoß des Rathauses an der 7th Av., im Sommer tgl. 9–17 Uhr, Eintritt $ 2*

RESTAURANT

Historic Skagway Inn
Gepflegtes Dinnerrestaurant in einem ehemaligen Bordell aus dem Jahr 1897. Angeschlossen ist ein kleines B & B-Inn *(12 Zi., Fax 983-27 13). 7th Av./Broadway, Tel. 983-22 89, Kategorie 2*

EINKAUFEN

Ob T-Shirt oder Goldnugget, wer in den Läden am Broadway nicht fündig wird, macht etwas falsch – auch wenn es manchmal schwer ist, die Schönheiten zwischen all dem Kitsch zu entdecken. Einen Blick verdienen die Ausstellungen von *Walroßelfenbein* bei Corrington's (Broadway/5th Av.) und die *Mokassins* und *Rentierhandschuhe* im The Trail Bench.

Am Broadway von Skagway regiert die Goldgräbernostalgie

HOTELS/UNTERKÜNFTE

Golden North Hotel
Das älteste Hotel in Alaska. Ohne großen Komfort, aber abends, wenn die Kreuzfahrer ausgelaufen sind, sehr stimmungsvoll. *32 Zi., Broadway/3rd Av., Tel. 983-22 94, Fax 983-27 55, Kategorie 2*

Wind Valley Lodge
Modernes Motel am nördlichen Ortsrand. Restaurant. *30 Zi., 22nd St./State St., Tel. 983-22 36, Fax 983-29 57, Kategorie 2*

SPIEL UND SPORT

Chilkoot Trail
★ 53 km führt der legendäre Pfad der Goldgräber von Dyea, einem fast völlig verschwundenen Camp bei Skagway, über den 1067 m hohen Chilkoot Pass nach Bennet im kanadischen Yukon Territory – eine überaus schöne und beliebte Wanderung. Zeitbedarf: etwa vier Tage. Auskunft über den Trail vorab bei: Klondike Gold Rush National Historical Park, P.O. Box 517, Skagway, AK 99840, Tel. 983-29 21, Fax 983-20 46

AM ABEND

Red Onion Saloon
Eine Institution in Skagway – mit schöner alter Bar und Live-Musik. Die *locals* kommen erst abends. *Broadway/2nd Av.*

AUSKUNFT

Skagway Visitors Bureau
Broadway, P.O. Box 415, Skagway, AK 99840, Tel. 983-28 54, Fax 983-21 51

ZIEL IN DER UMGEBUNG

White Pass & Yukon Route (E 4)
Ein Leckerbissen für Bahnfans: Die historische Schmalspurbahn schnauft wie anno 1900 den White Pass hinauf ins kanadische

SÜDOSTALASKA/PANHANDLE

Yukon Territory. Buszubringer nach Whitehorse. *P.O. Box 435, Tel. 983-22 17, Fax 983-27 34*

WRANGELL

(**F 5**) Der bereits 1834 von den Russen gegründete Fischer- und Handelsort (2500 Ew.) ist vom Tourismus noch kaum entdeckt. Verträumt liegt er, umrahmt von grünen Bergen und herrlichen Fjorden, nahe der Mündung des mächtigen Stikine River. Nur im kleinen ✪ Hafen geht es den ganzen Tag geschäftig zu. Von hier laufen die *Tourboote* aus, mit denen man ins breite Flußdelta vordringen kann, um Elche, Robben und Adler zu beobachten. Im Ort selbst sind das kleine, aber verblüffend gehaltvolle *Wrangell Museum* (offen nach Bedarf) zur Geschichte der Region sehenswert sowie *Chief Shakes Island*, eine kleine Insel im Hafen, auf der ein typisches reich verziertes Clanhaus der Tlingit-Indianer rekonstruiert wurde. Bei einem Bummel am *Petroglyph Beach* kann man auf den dunklen Felsen zahlreiche uralte Ritzzeichnungen entdecken, und am *Hafenpier* verkaufen die Kinder des Orts Granatkristalle.

HOTELS/UNTERKÜNFTE

Roadhouse Lodge
Rustikale Lodge etwas außerhalb mit großem Angebot an Angelcharters sowie Raft- und Jetboot-Touren. Auch Charterangebote für Lachsangler und Kanufahrer am Stikine River. *10 Zi., P.O. Box 1199, Tel. 874-23 35, Fax 874-31 04, Kategorie 3*

Stikine Inn
Einfaches, solides Hotel mit ✿ Blick über den Hafen. Restaurant und ✪ Bar. *34 Zi., P.O. Box 990, Tel. 874-33 88, Fax 874-39 23, Kategorie 2*

AUSKUNFT

Wrangell Visitor Center
P.O. Box 49, Wrangell, AK 99929, Tel. 874-39 01

ZIEL IN DER UMGEBUNG

Anan Creek (**F 5**)
Von Mitte Juli bis September kommen zahlreiche Grizzlies und Schwarzbären an diesen Bach zum Lachsefischen (geführte Touren ab Wrangell und Ketchikan). *Knapp 60 km südlich von Wrangell*

Telefonieren – gewußt wie!

Zum Reservieren der Bootstour, des Campingplatzes oder des Hotels, zum Bestätigen einer Öffnungszeit, zum Bescheidsagen, daß man im B & B Inn später ankommt – telefonieren lohnt sich und erspart Enttäuschungen. Bei Ortsgesprächen brauchen Sie nur die siebenstellige Rufnummer zu wählen – in manchen kleineren Buschorten genügen sogar die letzten vier Ziffern. Für Ferngespräche müssen Sie eine »1« und zumeist auch die für ganz Alaska geltende Vorwahl »907« (für das Yukon Territory »403«) wählen. Die spezifischen Angaben stehen – meistens jedenfalls – auf den Telefonen.

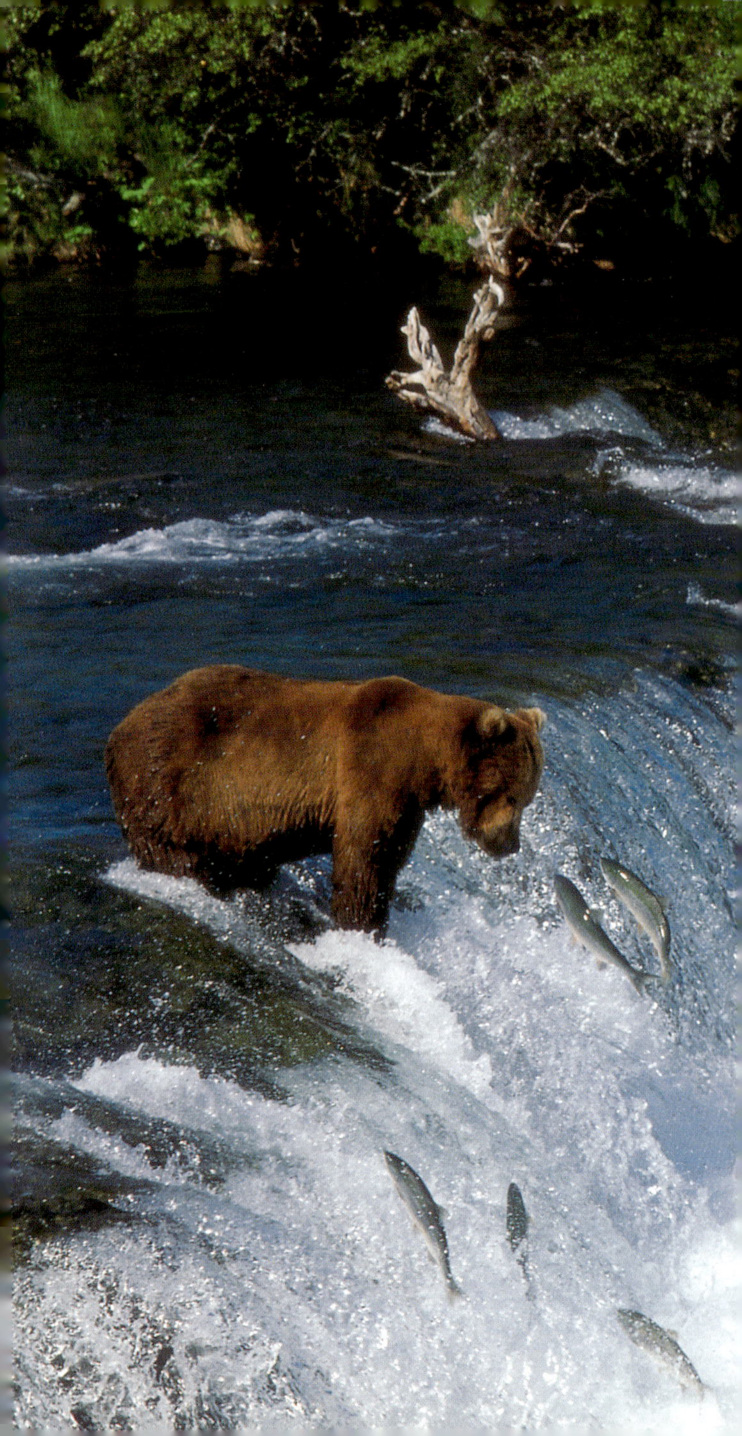

BUSCHALASKA

Wo alle Straßen enden

*Wilde Natur, einsame Tundra und windumtoste Inseln –
doch jede Reise muß sorgfältigst geplant sein*

Die Alaskaner sagen zum riesigen, weitgehend menschenleeren Hinterland ihres Staates einfach *bush* und meinen damit all jene Orte, Inseln und Regionen, die nicht auf Straßen zu erreichen sind. Und das ist der allergrößte Teil ihres Landes. Von der weit in den Nordpazifik hinausragenden Inselkette der Aleuten über die immensen Marsch- und Seenlandschaften des Yukon-Deltas, die steinigen Küsten an der Beringstraße und die Gipfel der Brooks Range reicht dieses gewaltige Buschalaska weit hinauf in die arktische Tundra am Polarmeer.

Überall wilde Naturlandschaften, in denen der Mensch noch kaum in die Balance der Ökosysteme eingegriffen hat und die heute glücklicherweise unter Schutz stehen: Karibuherden von mehreren hunderttausend Tieren durchstreifen die Täler des Kobuk Valley National Park wie seit Jahrtausenden. Millionen von Wasservögeln kommen jeden Sommer ins Yukon Delta National Wildlife Refuge, um dort zu brüten. An den Lachsflüssen im Katmai National Park und auf Kodiak Island drängeln sich die riesigen Braunbären Alaskas und beachten die staunenden Menschlinge kaum, die sie in ihrem Reich besuchen.

Mit seinen wilden Flüssen, Bergen und Küsten ist Buschalaska ein letztes Paradies dieser Erde, ein Paradies für Naturliebhaber, Vogelfreunde und Wildnisfreaks. Doch einfach so zum Sightseeing zu reisen ist schwierig – und teuer. In manche Gebiete kann und sollte man nur auf geführten Touren vordringen – nicht zuletzt, um die ursprüngliche Natur auch so zu belassen. In andere Regionen kann man – nach sorgfältiger Planung, mit guter Ausrüstung und in bester Kondition – auch auf eigene Faust vordringen. Die vielfach angebotenen (teuren) Kurztrips sind mit Vorsicht zu genießen: Ein dreitägiger Besuch auf den Pribilofs oder bei den Bären von Katmai und Kodiak ist für Naturfreunde durchaus ein spektakuläres Erlebnis. Eine Eintagestour

*Im Juli ist der Bär los: Wenn
die Lachse kommen, fischen die
Braunbären an den Wasserfällen
im Katmai National Park*

MARCO POLO TIPS FÜR BUSCHALASKA

1 Board of Trade Saloon
Die wildeste Bar diesseits von Sibirien: die Umgangsformen sind so rauh wie das Leben in dieser Gegend (Seite 77)

2 Kodiak-Bären
Bären und Lachse: die perfekte Kombination zum Beobachten (Seite 76)

3 Pribilof Islands
Besuch bei Pelzrobbenkindern und bei unzähligen Zugvogelarten (Seite 77)

4 Valley of Ten Thousand Smokes
Eine vulkanische Urlandschaft aus Asche: riesige Braunbären inklusive (Seite 76)

---

etwa nach Barrow verkommt dagegen zu Voyeurismus und touristischer Massenware. Nur wenn man mehrere Tage bleiben würde, könnte man in diesen tristen Eskimodörfern am Rand der Welt einen Hauch von Verständnis entwickeln für die Menschen und ihre Probleme. Der Verfall ihrer traditionellen Kultur und der Sinnverlust in ihrem Leben haben die Ureinwohner dieses herrlichen Landes schwer getroffen.

ALEUTIAN ISLANDS

(**A 6**) Von der Südspitze der Alaska Peninsula spannt die vulkanische Aleutenkette einen 1600 km langen Bogen bis fast nach Sibirien. Regen, Nebel und Stürme bestimmen das Klima auf den rund 200 Inseln an der Grenze zwischen Pazifik und Beringsee. Nur vier der Eilande sind heute besiedelt, nachdem zuerst die Russen die aleutischen Ureinwohner verschleppten und später im Zweiten Weltkrieg die US Army die übrige Bevölkerung umsiedelte, als die Japaner zwei Inseln okkupierten. Mit 3000 Einwohnern (im Sommer) ist *Unalaska/Dutch Harbor* heute die größte Siedlung und der wichtigste Hafen für den reichen Fischfang in der Beringsee. Fast die gesamte Inselkette ist heute *Vogelschutzgebiet* – und nur sehr schwer zu bereisen. Einige Expeditionskreuzfahrtschiffe kommen im Sommer, und einmal pro Monat fährt ein Schiff aus der Flotte des Alaska Marine Highway von Homer nach Dutch Harbor.

BARROW

(**C 1**) Nur wer wirklich mal den Finger ins Polarmeer stecken möchte, sollte die lange Flugreise zum nördlichsten Ort Alaskas (4000 Ew.), gut 500 km nördlich des Polarkreises, antreten. Durch die Ölvorkommen der etwas weiter im Osten gelegenen Prudhoe Bay (Besuch nur im Rahmen von organisierten Touren möglich) sind die Inupiat-Eskimos hier zwar wohlhabend geworden, doch trotz zahlreicher moderner Bauten macht der Ort einen recht tristen, melancholischen Eindruck – er liegt eben am Ende der Welt.

BUSCHALASKA

GATES OF THE ARCTIC NATIONAL PARK

(**C-D 2**) 34 000 qkm unberührte Bergwildnis, keine Straße, kein Wanderweg – der größte Nationalpark im Norden Alaskas umfaßt einen maßgeblichen Teil der bis auf 2600 m aufragenden Brooks Range. Im – leider arg kurzen – Sommer überzieht ein Teppich von Wildblumen die Tundra, im Herbst ziehen die Karibus durch die Täler nach Süden, dann herrscht für acht Monate wieder eisiger Winter. Ausgangspunkte für alle Touren sind die beiden Winzlingsorte *Bettles* und *Anaktuvuk Pass.* Machbar sind vor allem *Kanu- und Raft-Expeditionen* auf Wildnisflüssen wie dem Alatna, Koyukuk und dem Noatak River.

SPIEL UND SPORT

Sourdough Outfitters
Geführte Wander- und Raft-Trips im Park und in anderen Wildnisgebieten des Nordens. Auch Vermietung von Ausrüstung und Tourplanung. *P. O. Box 90, Bettles, AK 99726, Tel. 692-52 52, Fax 692-56 12*

AUSKUNFT

Gates of the Arctic National Park
P. O. Box 74680, Fairbanks, AK 99707, Tel. 456-02 81, Fax 456-04 52

KATMAI NATIONAL PARK

(**C 4-5**) Das 16 000 qkm große Schutzgebiet auf der Alaska Pen-

Alles Asche: Wanderpause im Valley of Ten Thousand Smokes

insula wurde nach einem gewaltigen Vulkanausbruch im Jahr 1912 geschaffen: 200 m hoch wurde die Region nördlich des Novarupta-Kraters von einer Ascheschicht überdeckt, aus der es noch lange schwefelig dampfte – das spektakuläre ★ *Valley of Ten Thousand Smokes* war geboren (geführte Bustouren und gute Wandermöglichkeiten). Daneben ist der Park heute aber auch wegen seiner *Braunbären* berühmt, die zu Dutzenden entlang der Küste und am Brooks River nach Lachsen fischen. Von einer ❊ *Aussichtsplattform an den Brooks Falls* lassen sich die zotteligen Muskelpakete herrlich beobachten. Allerdings muß ein Aufenthalt in der *Brooks Lodge* (16 Zi.) nahe der Fälle lange vorab (am besten über das Reisebüro) reserviert werden, aber auch Tagestouren von Anchorage aus sind möglich.

AUSKUNFT

Katmai National Park
P.O. Box 7, King Salmon, AK 99613, Tel. 246-3305, Fax 246-4286

KODIAK ISLAND

(C5) Nur der dicht bewaldete Nordteil von Alaskas größter Insel ist mit einigen Straßen erschlossen, und zwar rund um die Hauptstadt Kodiak (6500 Ew.), einen geschäftigen, 1784 von den Russen gegründeten Hafenort. Fast der gesamte übrige Teil der 9300 qkm großen gebirgigen Insel ist ein Wildnisschutzgebiet mit großen Tundraflächen im Süden, langen felsigen Stränden – und rund 3000 Braunbären, den berühmten, bis zu 700 kg schweren *Kodiak Bears,* der größten Grizzlyart der Welt. Mehrere kleine Chartergesellschaften bieten ★ *Touren zur Beobachtung der Giganten* an, die sich im Sommer an den Lachsflüssen sammeln: *z. B. Uyak Air (Tel. 486-3407) oder Island Air Service (Tel. 486-6196).*

In Kodiak erläutert das *Baranof Museum* (im Sommer tgl. 10 bis 16 Uhr) im alten Pelzlagerhaus die russische Geschichte der Stadt, das *Alutiq Center* (offen nach Bedarf) zeigt Kajaks und Flechtwaren der aleutischen Kultur der Insel. Im Fort Abercrombie State Park gibt es neben einem schönen Campingplatz Wanderwege entlang der Felsküste. *Lachsangler* können sich in einer der zumeist sehr angenehmen Lodges im Hinterland einmieten.

AUSKUNFT

Kodiak Island Visitors Bureau
100 Marine Way, Kodiak, AK 99615, Tel. 486-4782, Fax 486-6545

KOTZEBUE

(B2) Das uralte Eskimodorf auf einer flachen Halbinsel an der Beringstraße liegt fast exakt am Polarkreis. 1816 stieß Otto von Kotzebue, deutscher Seefahrer und Forscher in russischen Diensten, auf diese Siedlung, die später nach ihm benannt wurde. Rund 3000 Menschen leben heute hier, überwiegend traditionell von Jagd und Fischfang – doch mit modernen Annehmlichkeiten wie Fertigbauhäusern und Schneemobilen. Kotzebue ist das Sprungbrett für *Kajakfahrten* entlang der Beringküste, für

BUSCHALASKA

Wildnistouren in den völlig abseits gelegenen Kobuk Valley National Park und *Raft-Fahrten* auf dem Noatak River.

MUSEUM

Nana Museum of the Arctic
Ausstellungs- und Kulturzentrum der Inupiat-Eskimos, die auch Tänze und Gesänge darbieten. *Von Mai bis September zu Führungen geöffnet, Eintritt $ 25*

NOME

(**B 2-3**) Ein Durcheinander von Westernfassaden und Fertighäusern, dazu eine ebenso bunte Mixtur von Eskimos und Weißen – das rauhe 4500-Seelen-Städtchen ist von allen Buschorten der Arktis der interessanteste: 20 000 Goldgräber lebten hier um 1900, nachdem im schwarzen Sand am Ufer des Norton Sound Gold entdeckt worden war. Noch heute zeugen die Gerippe alter Waschanlagen *(dredges)* und Bergbaulokomotiven vom damaligen Boom. Das kleine *Carrie McLain Museum* (im Sommer tgl. 9 bis 18 Uhr) in der städtischen Bibliothek illustriert die wilde Zeit.

Die Goldgräber hinterließen auch ein rund 400 km langes Netz von Schotterpisten, das in ❂ die Berge und die Tundra ringsum führt. Mieten Sie ein Auto oder wandern Sie: zum *Eskimodorf Teller,* zu den *Pilgrim Hot Springs,* einer Oase in der Wildnis mit heißen Quellen, oder im Hinterland auf den Spuren der Moschusochsen und Rentiere. Oder holen Sie sich eine Waschpfanne: Noch heute wird am Strand eifrig – und teils auch erfolgreich – nach Gold gewaschen.

HOTEL/UNTERKUNFT

Nugget Inn
Sauberes rustikales Hotel direkt am Meer. Restaurant. *47 Zi., Front St., Tel. 443-23 23, Fax 443-59 66, Kategorie 2*

AM ABEND

Nightlife hat Tradition in Nome – aber es kann rauh werden. Probieren Sie mal den ★ *Board of Trade Saloon* an der Front St.

AUSKUNFT

Nome Visitors Bureau
P. O. Box 240, Nome, AK 99762, Tel. 443-55 35, Fax 443-58 32

PRIBILOF ISLANDS

(**A 5**) ★ Saint Paul und Saint George, die beiden winzigen, weit abseits gelegenen Inseln inmitten der Beringsee, sind ein legendäres Tierparadies – eine Art Galapagos des Nordens. Gabriel Pribilof, ein russischer Pelzhändler, entdeckte die Inseln 1768. Hunderttausende von Pelzrobben bringen im Juli an den Kiesstränden der Inseln ihre Jungen zur Welt. Wißbegierige Vogelfreunde können in den Steilklippen Kolonien von mehr als zwei Mio. Seevögeln bewundern, Lummen und Alke und rund 200 weitere Zugvogelarten.

Camping ist nicht erlaubt. Die einzige Möglichkeit, die von aleutischen Fischern bewohnten Inseln zu besuchen, ist im Rahmen von mehrtägigen geführten Touren mit Übernachtung im cinzigen Inselhotel von Saint Paul, wie sie von zahlreichen Veranstaltern angeboten werden.

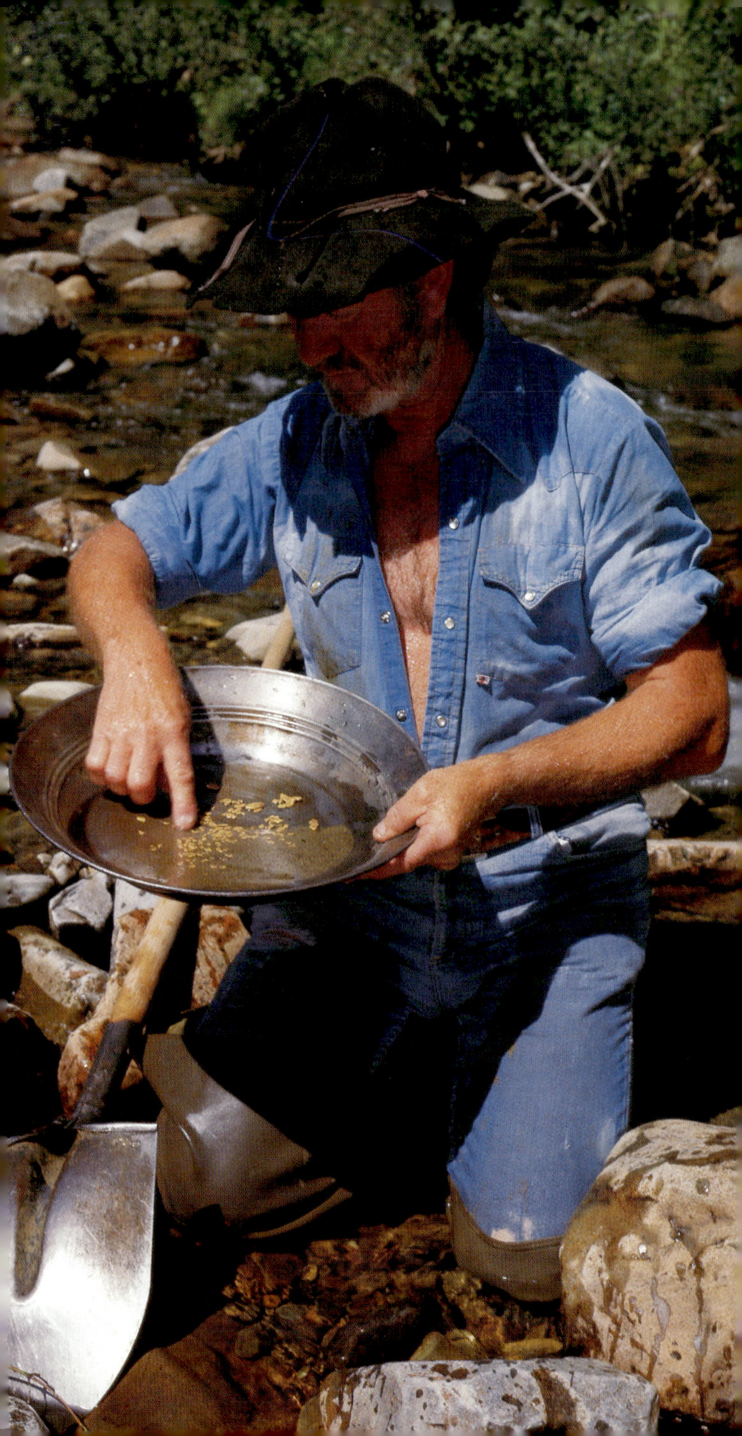

YUKON TERRITORY / ALASKA HIGHWAY

Auf Jack Londons Spuren

*Der Ruf der Wildnis ist nirgendwo deutlicher
zu vernehmen als im kanadischen Yukon Territory,
dem Reich der Goldgräber*

Für Romantiker und Abenteurer ist das Yukon Territory in der äußersten Nordwestecke Kanadas sicherlich das schönste Ziel des Nordens. Hier liegen die legendären, heute schon fast wieder vergessenen Schauplätze des größten Goldrauschs aller Zeiten: Dawson City und der Klondike. Hunderttausende Abenteurer aus aller Welt machten sich um die Jahrhundertwende zu den Goldfeldern des Nordens auf und mühten sich unter unendlichen Strapazen durch die Wildnis, um reich zu werden. Doch nach wenigen Jahren war der Rausch vorbei, es blieben nur Erinnerungen. Jack London und Robert Service, der »Barde des Klondike«, haben den großen Goldrausch vor 100 Jahren in Romanen und Gedichten verewigt, Charlie Chaplin sogar einen Filmklassiker dazu gedreht.

Goldgräbernostalgie können Sie im Yukon Territory noch heute reichlich erleben, doch daneben gibt es auch viel Wildnis und grandiose Landschaft zu entdecken. Im Süden ragen die St. Elias Mountains auf mit dem höchsten Berg Kanadas, dem 5959 m hohen Mt. Logan. Wie eine mächtige Barriere schirmen sie das Landesinnere vor den Wolken des Pazifiks ab und sorgen für beständig sonniges Wetter. Im weiten Norden wird die Tundralandschaft immer wieder von Mittelgebirgen durchbrochen, durch deren Täler wie seit Urzeiten riesige Karibuherden ziehen.

Nur der Südteil des 483 000 qkm großen Yukon Territory ist etwas erschlossen, hier leben die meisten der etwa 32 000 Einwohner – zwei Drittel davon in der einzigen größeren Stadt, der Hauptstadt Whitehorse. Die rund 6000 Dene-Indianer im Yukon wohnen zumeist weit verstreut in kleinen Orten des Hinterlands – neuerdings auf eigenem Land, das sie in langen Verhandlungen der Bundesregierung abgetrotzt haben.

Wichtigste Verkehrsverbindung ist nach wie vor der – heute vollständig asphaltierte – Alaska Highway, der im Zweiten Weltkrieg 1942 in nur acht Monaten

Es lohnt sich immer noch…

von der US Army in Zusammenarbeit mit den Kanadiern gebaut wurde. Von ihm ausgehend führen Wildnisstraßen ins Hinterland: die Canol Road etwa in die einsamen Mackenzie Mountains, der Klondike Highway zum historischen Goldgräberland Jack Londons um Dawson City und nach Süden zum alaskanischen Hafen Skagway.

Aber Sie müssen nicht nur auf den Highways bleiben: Eine gemütliche, knapp einwöchige Paddeltour auf dem Yukon River von Whitehorse nach Dawson City, eine Wanderung auf den Spuren der Goldgräber über den Chilkoot Pass oder eine spritzige Wildwasserfahrt im Kluane National Park zeigt die Natur des Yukon Territory von ihrer schönsten Seite.

ATLIN, B.C.

(F 4) ★ Vor allem wegen seiner herrlichen bergumrahmten Lage am gleichnamigen See lohnt Atlin den rund 100 km langen Abstecher vom Alaska Hwy. Das malerisch verwitterte Goldgräberdorf, das schon im Jahr 1898 während des großen Klondike Gold Rush gegründet wurde, liegt zwar eigentlich noch in British Columbia, ist aber nur vom Yukon Territory aus erreichbar. Heute leben rund 500 Menschen in und um Atlin: Goldgräber, Künstler, Aussteiger. Nicht verpassen sollten Sie hier einen Rundflug über die gletscherbedeckten Coast Mountains: *etwa mit Summit Air Charter, Tel. 604/651-76 00.*

HOTEL/UNTERKUNFT

Noland House
Ein stilvoll renoviertes historisches Haus, das zum Bed & Breakfast Inn umgebaut wurde. *4 Zi., P.O. Box 135, Atlin, Tel. 604/651-75 85, Kategorie 2*

DAWSON CITY

(E 3) Die Goldgräberzeit lebt fort in dieser Fast-Geisterstadt (1900 Ew.), die einst als »Paris des Nordens« gefeiert wurde. Rund 30 000 Menschen wohnten zur Zeit des Klondike Gold Rush um

MARCO POLO TIPS FÜR YUKON TERRITORY / ALASKA HIGHWAY

1 Atlin
Spektakuläre Berglandschaft und Goldgräberflair wie einst (Seite 80)

2 Dempster Highway
Eine 700 Kilometer lange Wildnisroute von Dawson City ins Mackenzie-Delta (Seite 82)

3 »SS Klondike«
Eine stolze Lady der Yukon-Schiffahrt (Seite 85)

4 Wildwassertour im Kluane National Park
Der Tatshenshini River ist der schönste Wildwasserfluß des Nordens (Seite 83 und 86)

YUKON TERRITORY/ALASKA HIGHWAY

Dawson City: Diamond Tooth Gertie und ihre Can-Can-Girls

1900 in der Stadt: Abenteurer und Tanzmädchen, Ingenieure und Saloonbesitzer. Bis heute prägen Brettergehsteige und verwitterte Holzfassaden im Wildwestlook das Stadtbild Dawsons. In der *Diamond Tooth Gertie's Gambling Hall* tanzen die Can-Can-Girls, im *Palace Grand Theatre* werden Melodramen aufgeführt, und in der ehemaligen *Hütte von Jack London* liest der wiederauferstandene Jack aus seinen Romanen.

Viele der renovierten alten Bauten können besichtigt werden, so etwa das *Postamt* an der King Street, *Harrington's Store* an der 3rd Avenue (Fotoausstellung) oder auch der historische *Schaufelraddampfer »SS Keno«* am Ufer des Yukon River. Der schönste ❈ Blick über die Stadt bietet sich vom *Midnight Dome*, einem Hügel, auf den eine gewundene Schotterstraße führt.

Das Städtchen an der Mündung des Klondike River in den Yukon lebt zwar heute vom Tourismus, aber in der Umgebung schürfen immer noch einige Unentwegte nach Gold. Und noch heute geht es am Samstagabend in den Saloons hoch her, wenn die Miners in die Stadt kommen und ihren Wochenfund feiern.

MUSEEN

Dawson City Museum
Mit historischen Fotos und allerlei Bergbaugerät wird die große Ära der Stadt nachgezeichnet. Jeden Tag Vorführungen von historischen Filmen, Diashows und Goldwaschgerät. *5th Av./Church St., im Sommer tgl. 10–18 Uhr, Eintritt kan $ 3,50*

Robert Service Cabin
Die originalgetreu eingerichtete Blockhütte des Klondike-Barden stammt aus dem Jahr 1898. Um 10 und 15 Uhr ersteht der Meister zum Leben auf und liest aus seinen humorvollen Balladen. *8th Av./Mission St., im Sommer tgl. 9 bis 17 Uhr, Eintritt kan $ 2,25*

RESTAURANT

Klondike Kate's
Gemütliches altes Lokal. Terrasse. Große Speisekarte und guter Kaffee. *3rd. Av./King St., Tel. 403/993-65 27, Kategorie 2*

HOTELS/UNTERKÜNFTE

Dawson City Bunkhouse
Einfache Zimmer in einem neuen, aber auf historisch getrimmten Haus. Dusche am Gang. *16 Zi., Princess St., Bag 4040, Dawson City, Tel. 403/993-61 64, Fax 993-60 51, Kategorie 2*

Eldorado
Seit langem die erste Adresse in Dawson – was aber nicht allzu viel heißt. Die 52 Zimmer sind modern und komfortabel, aber nicht übermäßig luxuriös. Restaurant und Saloon. *3rd Av./Princess St., Tel. 403/993-5451, Fax 993-5256, Kategorie 1*

Fifth Avenue B & B
Moderne, sehr saubere Frühstückspension direkt neben dem Museum. *4 Zi., 5th Av./Mission St., Tel. 403/993-59 41, Kategorie 2*

AUSKUNFT

Visitor Reception Centre
Das Besucherzentrum bietet eine Diashow und Führungen durch die Stadt. *Front St./King St., Tel. 403/993-55 66, Fax 993-56 83*

ZIELE IN DER UMGEBUNG

Bonanza Creek (E 3)
In diesem Seitental des Klondike River wurde im August 1896 das erste Gold entdeckt. Gewaltige Schutthalden und eine riesige alte Goldwaschanlage, die *Dredge No. 4*, zeugen von den Anstrengungen der Goldgräber.

Top of the World Highway (D–E 3)
Die schönste Verbindungsstrecke von Alaska ins Yukon Territory: rund 270 km Panoramafahrt über einsame Bergkuppen, durch grüne Täler, Goldgräberreviere und unendliche Wälder. Nur ein einziger »Ort« liegt hier am Wegesrand, das alte Bergbaunest *Chicken* (D 3) mit offiziell 37 Einwohnern. In den nächsten Jahren soll die nur im Sommer geöffnete Wildnisstrecke geteert und ausgebaut werden – schade.

DEMPSTER HIGHWAY

(E 1–3) ★ Über 700 km führt diese Wildnisstraße von Dawson City durch weithin menschenleere Tundraregionen nordwärts über den Polarkreis bis ins Mackenzie-Delta. Nur zwei winzige Indianerdörfer und eine Tankstelle findet man auf der gesamten Strecke am Wegesrand, sonst nichts als arktische Wildnis: Taigalandschaften zu Anfang der Strecke, bis weiter nördlich in den Richardson Mountains die Piste durch Tundra mit zahllosen Wildblumen verläuft. Besonders schön ist die Fahrt durch diese Landschaft zur Zeit der Herbstfärbung Anfang September.

YUKON TERRITORY/ALASKA HIGHWAY

Endpunkt der Strecke ist *Inuvik* (**E 1**), ein Städtchen wie aus dem Baukasten: Die Häuser der größten Stadt in der westlichen Arktis sehen bunt wie Ostereier aus. Rund 3000 Menschen – Inuit, Dene und Weiße – leben hier am Ostrand des gewaltigen Mackenzie-Deltas und machen dem Ortsnamen »Platz des Menschen« alle Ehre.

Sehenswert ist die in Igluform gebaute Kirche. Ringsum lohnen sich *Flugtouren* in die weitere Umgebung: etwa zum *Trapperort Aklavik* im 80 km breiten Flußdelta, zur alten *Walfängerstation auf Herschel Island* oder zur *Inuitsiedlung Tuktoyaktuk* an der Polarmeerküste sowie zu den Herden von Moschusochsen auf Banks Island um den Inuitort Sachs Harbour.

TOUREN

Arctic Nature Tours
Flugexkursionen in das Mackenzie-Delta, nach Herschel Island und in die National Parks des nördlichen Yukon Territory. *P. O. Box 1530, Inuvik, Tel. 403/979-33 00, Fax 979-34 00*

HOTELS/UNTERKÜNFTE

Eagle Plains Hotel
Die einzigen zu mietenden Betten im Umkreis von 300 km: ein sauberes, freundliches Containerhotel mit Restaurant und Bar. *32 Zi., bei km 371, Tel. und Fax 403/979-41 87, Kategorie 2*

Mackenzie Hotel
Modernes Hotel im Ortszentrum mit Restaurant und Pub. *55 Zi., P.O. Box 1618, Inuvik, Tel. 403/979-28 61, Fax 979-33 17, Kategorie 1–2*

KLUANE NATIONAL PARK/ HAINES JUNCTION

(**E 4**) Der winzige bergumrahmte Ort *Haines Junction* am Alaska Hwy. ist Ausgangspunkt für Touren in den gut 22000 qkm großen *Kluane National Park,* eine noch völlig unerschlossene Bergwildnis an der Grenze zu Alaska. Dort, in den eisbedeckten St. Elias Mountains, liegt der *Mt. Logan,* mit 5959 m der höchste Berg Kanadas. Der Alaska Hwy. folgt am Nordrand des Parks dem Ufer des 400 qkm großen ❋ *Kluane Lake,* von dem aus ein Netz von Wanderwegen aller Schwierigkeitsgrade die Vorberge der Kluane Ranges durchzieht. Im Ostteil des Parks, ausgehend vom Haines Hwy., finden Sie am *Lake Kathleen* Campingplätze und ausgedehnte Wanderwege.

Im Visitor Center des Parks in Haines Junction geben die Ranger Tips für *Wanderungen* und *Raft-Touren* auf den Gletscherflüssen. Lohnend ist auch eine *Flightseeing-Tour* über die Gletscher: *Sifton Air, Tel. 403/634-29 16*

SPIEL UND SPORT

Canadian River Expeditions
6- bis 12tägige Schlauchbootexpeditionen auf dem ★ Tatshenshini River und anderen Flüssen des Nordens. *Postadresse: P. O. Box 1023, Whistler, Canada, B.C. V0N 1B0, Tel. 604/938-66 51, Fax 938-66 21*

Donjek Wilderness Tours
Mehrtägige Ritte mit Packpferden in die Wildnis, Raft-Touren

im Kluane National Park. Indianische Guides. *Burwash Landing, Tel. 403/841-43 11, Fax 841-59 00*

HOTELS/UNTERKÜNFTE

The Cabin B & B
Mehrere gemütliche Blockhütten am Ostrand des Kluane National Park. Rund 40 km südlich von Haines Junction. Guter Ausgangspunkt für Wanderungen. *P. O. Box 5334, Haines Junction, Tel. 403/634-26 26, Kategorie 3*

Cozy Corner
Einfaches und solides Motel am Alaska Hwy. Restaurant im Haus. *12 Zi., P. O. Box 5406, Haines Junction, Tel. 403/634-25 11, Fax 634-21 19, Kategorie 2*

Dalton Trail Lodge
Von Schweizern geführte Lodge etwa 40 km südlich des Orts am Rand des Kluane National Park. Angeln, Kanutouren und Ausritte. *15 Zi., P. O. Box 5331, Haines Junction, Tel. und Fax 403/667-10 99, Kategorie 2*

AUSKUNFT

Kluane National Park
Besucherzentren in Haines Junction und bei Sheep Mountain am Alaska Hwy. *Postadresse: P. O. Box 5495, Haines Junction, Canada, YT Y0B 1L0, Tel. 403/634-72 01, Fax 634-72 08*

WATSON LAKE

(F 4) Seit dem Bau des Alaska Hwy. im Jahr 1942 ist der Ort (1800 Ew.) im südlichen Yukon Territory ein wichtiger Versorgungsstützpunkt. Aus jener Zeit stammt auch der *Watson Lake Signpost Forest*, ein riesiger Schilderwald mit Ortstafeln aus aller Welt, der angeblich schon während der Bauzeit des Alaska Hwy. von einem heimwehkranken Soldaten begonnen wurde. Direkt daneben zeigt ein modernes *Interpretive Centre* die Geschichte des Alaska Hwy.

ZIEL IN DER UMGEBUNG

Nahanni National Park (F 3)
Ein Park für Wildwasserfreaks: der *South Nahanni River* durchströmt auf 320 km die Mackenzie Mountains, stürzt über die 90 m hohen *Virginia Falls* und schäumt durch bis zu 900 m tiefe Schluchten. *Geführte Touren und Flugexkursionen:* z. B. mit *Watson Lake Flying Service, P. O. Box 7, Watson Lake, Canada, YT Y0A 1C0, Tel. 403/536-22 31, Fax 536-23 99*

WHITEHORSE

(E 4) Auf einer breiten Uferbank am Yukon River dehnt sich die geschäftige Hauptstadt (23 000 Ew.) des Yukon Territory. Supermärkte, Motels, Restaurants und moderne Bauten drängen sich in der Innenstadt um die Main St. - Zivilisation in der Wildnis. Doch das ist noch nicht lange so: Der Ort entstand erst 1898, als Tausende von Goldsuchern mit Flößen und selbstgebauten Booten durch den Miles Canyon oberhalb der heutigen Stadt kamen, um zu den Goldfeldern am Klondike zu ziehen. Aber erst nach dem Bau des Alaska Hwy. wurde Whitehorse 1953 zur Hauptstadt des Yukon Territory erklärt. Aus touristischer Sicht ist die Stadt heute vor allem ein Ver-

YUKON TERRITORY/ALASKA HIGHWAY

sorgungspunkt, der allerdings auch einige historische Sehenswürdigkeiten bieten kann. Auf den Schmalspurschienen der im Jahr 1900 erbauten *White Pass & Yukon Railway* dampft während des Sommers ein Ausflugszug von Whitehorse (Buszubringer) durch die Coast Mountains zum alten Goldgräberhafen Skagway in Alaska, wo der Wanderweg über den berühmten *Chilkoot Pass* beginnt.

aus der Blütezeit der Yukon-Schiffahrt, der die »gute alte Zeit« lebendig werden läßt. *2nd Av./Yukon River, im Sommer tgl. 9–18 Uhr Führungen, Eintritt kan $ 3,25*

Yukon Transportation Museum
Schneeschuhe, Hundeschlitten, Flugzeuge und alte Jeeps veranschaulichen die Eroberung des Nordens. *Alaska Hwy., am Flughafen, im Sommer tgl. 10–19 Uhr, Eintritt kan $ 3*

MUSEEN

MacBride Museum
Historische Fotos und Goldgräbergerät illustrieren die bewegte Geschichte der Stadt. *1st St./Wood St., im Sommer tgl. 9–21 Uhr, Eintritt kan $ 3,25*

»SS Klondike«
★ Nostalgie pur: ein prächtig restaurierter Schaufelraddampfer

EINKAUFEN

Murdoch's
Schmuck aus Gold-Nuggets. *207 Main St.*

Northern Images
Hochwertige Inuit-Skulpturen, Kunstdrucke und Pelzparkas, die von den Inuit in den kleinen Dörfern der Polarmeerküste gefertigt werden. *311 Jarvis St.*

Trockengelegt: der Schaufelraddampfer »SS Klondike« in Whitehorse

SPIEL UND SPORT

Arctic Edge
Mehrtägige Schlauchbootfahrten und Kanutouren auf Flüssen im Yukon und auf dem ★ Tatshenshini River. *P. O. Box 4850, Whitehorse, Canada, YT Y1A 4N6, Tel. 403/633-54 70, Fax 633-38 20*

Kanoe People
Vermietung von Kanus und Ausrüstung für Kanufahrten auf dem Yukon River nach Dawson City. *P. O. Box 5152, Whitehorse, Canada, YT Y1A 4S3, Tel. 403/668-48 99, Fax 668-48 91*

Sky High Wilderness Ranches
Ein- und mehrtägige Ausritte in die Coast Mountains südlich der Stadt. *P. O. Box 4482, Whitehorse, Canada, YT Y1A 2R8, Tel. 403/667-43 21, Fax 668-26 33*

Wanderlust Wilderness Adventures
Geführte Wildniswanderungen am Lake Labarge und Kanutouren. Im Winter Hundeschlitten-Expeditionen. *Box 5076, Whitehorse, Canada, YT Y1A 4S3, Fax 403/668-26 33*

HOTELS/UNTERKÜNFTE

Edgewater
Kleines modernes Hotel im Zentrum. *30 Zi., 101 Main St., Tel. 403/667-25 72, Fax 668-30 14, Kategorie 1–2*

Town & Mountain
Modernes Hotel im Zentrum. Restaurant und Bar tragen zur Bequemlichkeit des Gastes bei. *30 Zi., 401 Main St., Tel. 403/668-76 44, Fax 668-58 22, Kategorie 2*

AM ABEND

Gute Country-Bands können Sie am Wochenende im *Roadhouse Saloon* (2163 2nd Av.) oder in der ❂ *Tavern* der Kopper-King-Tankstelle (Meile 918,3, Alaska Hwy.) erleben.

AUSKUNFT

Tourism Yukon
Großes Besucherzentrum am Alaska Hwy. neben dem Transportation Museum. *Postadresse: P. O. Box 2703, Whitehorse, Canada, YT Y1A 2C6, Tel. 403/667-53 40, Fax 667-35 46*

Die ständigen Begleiter

Auf jeder Wanderung sind sie dabei, in jedem Zelt oder Camper ist unweigerlich ihr Sirren zu hören. Blutgierige Moskitos werden im Hochsommer draußen in den Wäldern, an Seen und in Sumpfgebieten Ihre ständigen Begleiter sein. Was tun? Locker sitzende Kleidung hilft. Dicke Holzfällerhemden und weite Jeans. Durch enganliegende Hosen stechen die Biester glatt durch. Draußen im Busch verspricht nur ein Moskitonetz Rettung, das vom Hut über Gesicht und Hals herabhängt. Alle freiliegenden Körperteile – auch die nur durch dünne Socken geschützten Fußknöchel – sollten Sie mit einem Mittelchen aus dem Drugstore besprühen. Ein Fläschchen Off, Muskol oder Cutter bewahrt Sie vor der Gier der Blutsauger.

PRAKTISCHE HINWEISE

Von Auskunft bis Zoll

Adressen, Ratschläge und Reisetips für Ihre Alaska-Tour

AUSKUNFT

Fremdenverkehrsamt von Alaska
Individuelle Auskünfte und Versand von gutem Infomaterial sowie einer Liste aller Alaska-Veranstalter (auch zuständig für die Schweiz und Österreich). *Pfingstweidstr. 4, 60316 Frankfurt, Mo bis Fr 9–17 Uhr, 069/43 83 11, Fax 43 83 88*

Canada Tourism Program
Auf schriftliche Anfrage erhalten Sie hier Informationen über Kanada und das Yukon Territory. *Postfach 20 02 47, 63469 Maintal, Fax 06181/49 75 58*

Vor Ort finden Sie in Alaska – gut ausgeschildert – in jeder Stadt, jedem National Park und jedem noch so kleinen Dorf Info Centers und Visitors Bureaus, die mit Landkarten und detaillierten Tips weiterhelfen. In Anchorage, Tok, Fairbanks und Ketchikan gibt es außerdem hervorragende Public Lands Informations Centers (PLICs), in denen Sie Material und Karten zu National Parks und anderen Schutzgebieten erhalten. Außerdem können Sie dort auch Campingplätze und Hütten reservieren.

ALKOHOL

Alkohol ist in Alaska nur in Bars, Liquor Stores und Package Stores zu kaufen – und für alle »Minderjährigen« unter 21 Jahren tabu. Im kanadischen Yukon Territory dürfen dagegen schon 19jährige in die Saloons. Zahlreiche kleinere Eskimo- und Indianerorte im Hinterland sind »trocken«. Hier wird kein Alkohol ausgeschenkt, und Sie dürfen auch keinen mitbringen.

ARZT/APOTHEKE

Die ärztliche Versorgung ist gut – aber teuer, denn im Notfall werden Sie von den Park Rangers oder medizinischen Notdiensten zum nächsten Krankenhaus geflogen. Schließen Sie für die Reise unbedingt eine Auslandskrankenversicherung ab. Für eine Wildnistour sollten Sie eine komplette Reiseapotheke einpacken und Wasser aus Bächen und Flüssen immer abkochen.

AUTOFAHREN

Der nationale Führerschein ist für Reisen bis zu drei Monaten ausreichend (im kanadischen Yukon Territory nur bis zu einem Monat!). Anschnallen ist Pflicht, außerdem müssen Sie in Alaska wie im Yukon auch tagsüber mit Abblendlicht fahren.

Alle wichtigen Highways in Alaska sind asphaltiert, aber teilweise in schlechtem Zustand, da der Dauerfrostboden in jedem Frühjahr den Teer in Wellen wirft. Die Höchstgeschwindigkeit ist auf den Landstraßen meist 55 Meilen/h (88 km/h), in Orten 35 Meilen/h (50 km/h). Die Verkehrsregeln gleichen denen in Europa. Es gibt jedoch Besonderheiten: An Ampeln darf man auch bei Rot nach rechts abbiegen, auf mehrspurigen Straßen ist Rechtsüberholen erlaubt, Schulbusse mit eingeschalteter Warnblinkanlage dürfen nicht passiert werden – auch nicht aus der Gegenrichtung.

Außerdem gibt es sogenannte *3-way-* oder *4-way-stops,* Kreuzungen, an denen jedes Fahrzeug halten muß. Wer zuerst gehalten hat, darf auch zuerst wieder weiterfahren.

Vorsicht vor den Bären: Nachts sollten Sie alle Lebensmittel geruchdicht im Auto verstauen oder – beim Zelten in der Wildnis – in mindestens vier Metern Höhe an einen Baum hängen.

DIPLOMATISCHE VERTRETUNGEN

Deutsches Honorarkonsulat
Bernd Guetschow, 425 G St., Suite 650, Anchorage, AK 99501, Mo–Fr 8–12 und 13–17 Uhr, Tel. 907/274-65 37, Fax 274-87 98

Österreichisches Generalkonsulat
11859 Wilshire Bd., Suite 501, Los Angeles, CA 90025, Mo–Fr 9 bis 17 Uhr, Tel. 310/444-93 10, Fax 477-98 97

Schweizer Generalkonsulat
456 Montgomery St., Suite 1500, San Francisco, CA 94104, Mo–Fr 8.15 bis 16.30 Uhr, Tel. 415/788-22 72, Fax 788-14 02

Die Konsulate helfen den Bürgern ihrer Staaten bei Paßverlust und anderen Notfällen weiter.

CAMPING

Die öffentlichen Campingplätze sind die schönsten: Naturnah, an Seen und in National oder State Parks gelegen und mit Feuerstelle, Holzbänken, Wasserpumpe und Plumpsklo einfach ausgestattet, kostet die Nacht dort $ 5–10. Private Plätze mit heißen Duschen, kleinem Laden und manchmal sogar Swimmingpool findet man am Rand der Städte und außerhalb der Parks (Preise ca. $ 10–30). Wildes Campen ist – außer in den Parks – nicht verboten, wird aber in Nähe der Orte nicht gern gesehen.

FÄHREN

Die großen komfortablen Autofähren des Alaska Marine Highway verkehren zwischen allen größeren Orten Südostalaskas entlang der berühmten Inside Passage sowie in Südalaska zwischen Valdez, Cordova, Whittier, Seward, Homer und Kodiak Island. Einmal pro Monat fährt eines der Schiffe auch von Homer entlang der Aleuteninseln bis Dutch Harbor. Wenn Sie mit Auto oder Wohnmobil reisen oder eine Kabine möchten, sollten Sie unbedingt schon vier bis fünf Monate vorab reservieren

PRAKTISCHE HINWEISE

(Fahrplaninformation und Buchung im Reisebüro und bei allen Alaska-Veranstaltern). Als einfacher Passagier oder mit Fahrrad kommt man meist auch ohne langfristige Buchung mit.

GELD UND DEVISEN

Währung ist der amerikanische Dollar (= 100 Cents). Es gibt Banknoten *(bills)* zu 1, 2, 5, 10, 20, 50 und 100 $ sowie Münzen *(coins)* zu 1 ¢ *(penny)*, 5 ¢ *(nickel)*, 10 ¢ *(dime)*, 25 ¢ *(quarter)* und 1 $. Vorsicht: Alle Dollarnoten sind gleich groß, von gleicher grünlichgrauer Farbe und unterscheiden sich nur im Aufdruck! Im Yukon Territory gilt der kanadische Dollar (kan $), Bargeld und Reiseschecks in US-$ werden aber angenommen und zu fairem Kurs konvertiert.

Banken sind meist von 10 bis 15 Uhr geöffnet. Sie lösen Reiseschecks (ausgestellt auf US-$) ein, wechseln aber keine ausländischen Währungen. Lediglich in Wechselstuben und in manchen größeren Hotels in Anchorage kann man (zu schlechtem Kurs) Mark in Dollar tauschen.

Fazit: Reisen Sie nur mit US-$. Die Reisekasse sollten Sie auf mehrere Zahlungsmittel verteilen: einige hundert Dollar *Bargeld,* dazu *Reiseschecks* in US-$ (sie werden überall in Läden und Restaurants akzeptiert, und man bekommt als Wechselgeld Bares zurück) sowie eine *Kreditkarte* (Visa oder Eurocard) für größere Ausgaben und für Notfälle. Kreditkarten werden überall in Hotels und Restaurants, in Läden und an Tankstellen angenommen. *Eurocheques dagegen sind unbekannt.*

INLANDSFLÜGE

Fliegen gehört in Alaska zum täglichen Leben, denn viele Dörfer und Lodges im Hinterland sind nur per Flugzeug zu erreichen. Alle größeren Orte werden von Alaska Airlines angeflogen, in die kleineren Orte kommt man mit einer der zahlreichen Regionalgesellschaften wie etwa Reeve Aleutian Airways, Pen-Air und ERA-Air in Anchorage, Frontier Flying Service in Fairbanks, LAB Flying Service oder Glacier-Air in Juneau. Für internationale Besucher bieten Alaska Airlines und mehrere regionale Fluggesellschaften verbilligte Tarife an.

Allerdings müssen diese Tikkets bereits vor der Reise in Europa gebucht werden. Mit einem der vielen Lufttaxis können Sie abseits aller Pfade in die Wildnis vordringen. Auf Wunsch steuern die alaskanischen Buschpiloten jeden See und jede Sandbank im Hinterland an – zu Charterpreisen von ca. $ 200–350 pro Flugstunde. Je weiter nach Norden man kommt, desto teurer wird es – und vergessen Sie nicht, den Rückflug zu buchen.

JAGEN UND ANGELN

Zur Jagd sind in Alaska wie auch im kanadischen Yukon Territory ein örtlicher Guide sowie je nach Tierart auch spezielle Lizenzen vorgeschrieben – Auskünfte bei den Fremdenverkehrsämtern. Dagegen ist das Angeln in den zahllosen Seen und Flüssen völlig unkompliziert: Je nach Gültigkeitsdauer kostet die Lizenz für Besucher $ 10–50, zu kaufen in allen Sportgeschäften und Lodges.

Dort erhalten Sie auch eine Broschüre mit den Bestimmungen und den Fangquoten *(bag limits)*. Zum Angeln auf Königslachse oder in den National Parks ist eine Sonderlizenz nötig. Für einen echten Angelurlaub sollten Sie sich in einer der vielen Fishinglodges im Hinterland einmieten, wo erfahrene Guides Sie zu den besten Angelplätzen bringen. Preis pro Woche: $ 2000–6000. Charterboote zum Heilbutt- und Lachsangeln sind in Homer, Seward, Valdez und vielen anderen Küstenorten zu mieten.

JUGENDHERBERGEN

Die zehn alaskanischen Häuser der amerikanischen Herbergsorganisation Hostelling International sind in dem im Buchhandel erhältlichen Verzeichnis aufgelistet: *International Youth Hostel Handbook, Vol. 2.*

Daneben gibt es in vielen Orten einfache Backpacker-Unterkünfte mit Schlafplätzen für $ 5 bis 20 pro Nacht. Einen Schlafsack bringt man am besten selbst mit.

KLIMA UND REISEZEIT

Im größten Teil Alaskas herrscht nordisches Kontinentalklima mit überraschend warmen, trockenen und oft wochenlang sonnigen Sommern (in Fairbanks kann es im Juli über 30° C haben) und bitterkalten Wintern. In Südalaska und im Panhandle mildert die Nähe zum Meer das Klima, die Wolken des Pazifiks sorgen aber für reichlich Regen im Sommer – und viel Schnee im Winter.

Die beste Reisezeit ist von Mitte Juni bis Ende August. Doch ist es im September oft noch genauso schön – mit sonnigen, klaren Tagen und kalten Nächten. Ab Anfang des Monats färben sich im Indian Summer die Blätter der Birken und Pappeln, und die Tundra des Nordens leuchtet für ein bis zwei kurze Wochen in prächtigem Rot und Gelb. Hochsaison sind die Monate Juli und August, dann haben Amerikaner und Kanadier Schulferien, und die wenigen Hotels in den Städten und National Parks sind oft hoffnungslos ausgebucht. Für Hundeschlitten- und Skitouren ist die Zeit von Mitte Februar bis Mitte April am besten.

MASSE UND GEWICHTE

Im kanadischen Yukon Territory gilt das metrische System, doch in

Pumpen von früher, Benzin von heute – nach Gallonen natürlich

PRAKTISCHE HINWEISE

Alaska spulen Sie wie in den ganzen USA auf den Highways Meilen (= 1,6 km) herunter, kaufen Benzin in Gallonen (= 3,7 l) und frieren auf dem Gletscher in Fahrenheit-Graden: (0°C = 32°F, 15°C = 59°F, 20°C = 68°F, 25°C = 77°F).

MIETWAGEN

Mindestmietalter: 21, manchmal auch 25 Jahre. Der nationale Führerschein genügt. Auto oder Camper sollten Sie unbedingt schon mehrere Monate vorab im Reisebüro buchen. Dies ist meist billiger und sicherer als die Suche vor Ort, da besonders Wohnmobile zur Hochsaison meist ausgebucht sind. Es ist ratsam, das Fahrzeug wieder am Ausgangspunkt zurückzugeben, da die Rückführgebühren oft extrem hoch sind.

NOTRUF

In den Städten gilt die Notrufnummer »911«, die gebührenfrei von jedem Telefon anwählbar ist. In den ländlichen Gegenden gelten teilweise andere, jeweils am Münztelefon vermerkte Notrufe für Polizei, Feuerwehr und Notarzt. Im Zweifelsfall können Sie sich immer an den *operator* (»0«) wenden.

ÖFFENTLICHE VERKEHRSMITTEL

Mehrere regionale Busgesellschaften wie etwa Alaskon Express, Alaska Direct Bus Lines oder Norline Coaches verbinden alle Orte entlang der Highways in Alaska und im kanadischen Yukon Territory – allerdings nicht unbedingt im Stundentakt. Manchmal muß man ein bis zwei Tage auf den nächsten Bus warten, und vor Ort ist es teilweise schwierig, von der Busstation zu den weit voneinander entfernt liegenden Attraktionen oder zu den Trailheads für die Wanderwege zu kommen.

Per Zug läßt sich Alaska auf der landschaftlich sehr reizvollen Strecke der Alaska Railroad zwischen Anchorage über den Denali National Park nach Fairbanks erleben (Fahrtdauer zwölf Stunden). Etwa vier Stunden dauert die Fahrt von Anchorage nach Seward. Zwischen Portage und Whittier verkehrt die Bahn als Shuttledienst mit Anschluß an die Fähren im Prince William Sound. Auskunft im Reisebüro oder vor Ort unter Tel. 907/265-24 94.

ÖFFNUNGSZEITEN

Läden sind überwiegend Mo–Sa von 9.30–18 Uhr geöffnet, die Shoppingmalls der Städte von 10–21 und So von 12–17 Uhr. Supermärkte und die General Stores in den kleinen Orten sind oft bis in den Abend und an Wochenenden geöffnet. Im Frühjahr und Herbst haben Museen und touristische Attraktionen oft nur sehr begrenzte Öffnungszeiten, im Winter bleiben sie vielfach ganz geschlossen.

PASS

Für Deutsche, Österreicher und Schweizer genügt zur Einreise nach Alaska wie auch nach Kanada ein noch mindestens drei Monate gültiger Reisepaß. Manchmal werden bei der Einreise die Vorlage eines Rückflugtickets und der Nachweis ausreichender Reisefinanzen verlangt. Nur wer länger als drei Monate bleiben will, muß sich vorab ein Visum beim nächstgelegenen US-Konsulat besorgen. Bei der Anreise über einen Umsteigeflughafen im Süden werden alle Zoll- und Paßformalitäten bereits am ersten Flughafen in den USA erledigt, der Weiterflug nach Alaska ist dann ein Inlandsflug.

POST

Postämter haben Mo–Fr 9–18 und Sa 8–12 Uhr geöffnet. Porto für Luftpostbriefe nach Europa: 60 ¢, Postkarten 50 ¢ (in Kanada 90 ¢). Aus den größeren Orten ist eine Karte etwa sieben Tage unterwegs, aus dem Hinterland drei bis vier Tage länger.

STEUERN

Es gibt keine allgemeine Verkaufssteuer in Alaska, doch Städte und Bezirke dürfen eigene Hotelsteuern und bis zu 6% *sales tax* aufschlagen. In Kanada wird eine Mehrwertsteuer, genannt GST, von 7% erhoben. Alle Steuern werden erst beim Kauf berechnet, sind also zum Beispiel auf der Speisekarte noch nicht berücksichtigt.

STROMSPANNUNG

110 Volt, 60 Hertz. Einen Steckdosenadapter für den (umschaltbaren!) Fön oder Rasierapparat sollten Sie mitbringen.

TELEFON

Alle Telefonnummern in Alaska sind siebenstellig, dazu kommt für Ferngespräche noch eine dreistellige Vorwahl *(area code)*. Für das gesamte Alaska gilt die Vorwahl »907«, für das kanadische Yukon Territory die Vorwahl »403«.

Ortsgespräche aus der Telefonzelle kosten 10–35 ¢, bei Ferngesprächen gibt nach dem Wählen eine Computerstimme die Gebühr an. Für Ortsgespräche wählen Sie nur die Nummer, für Ferngespräche vor der Nummer eine »1« und die Vorwahl. Vorsicht: Im Hotel werden oft horrende Aufschläge berechnet!

Preiswerter telefonieren kann man mit einer amerikanischen Telefon-Kreditkarte (z. B. von AT & T), die man in Europa kostenlos bei allen gängigen Kreditkartenfirmen beantragen kann.

Bei allen Telefonproblemen hilft der *operator* (»0«) weiter, er vermittelt auch R-Gespräche *(collect calls)*. Eine andere Besonderheit sind die gebührenfreien Nummern mit der Vorwahl »800«, über die man Hotels oder Mietwagen reserviert.

Vorwahl nach: Deutschland »011-49«; Österreich »011-43«; in die Schweiz »011-41«. Dann die Ortsvorwahl ohne die erste Null und die Nummer. Vorwahl nach Alaska und Kanada: »001«.

TRINKGELD

Im Restaurant ist das Bedienungsgeld nicht in dem auf der Karte angegebenen Preis enthalten. Man läßt daher etwa 15% des Rechnungsbetrags als *tip* auf dem Tisch liegen. Der Kofferträger im Hotel oder in der Lodge bekommt etwa $ 1 je Gepäckstück, ein Guide als Trinkgeld pro Tag etwa $ 5–10.

PRAKTISCHE HINWEISE

ZEITZONEN

Zeitunterschied zu Mitteleuropa: Alaska –10 h; westlichste zwei Aleuteninseln –11 h; kanadisches Yukon Territory –9 h. Sommerzeit (+1 h) in Alaska und Kanada: erster Aprilsonntag bis letzter Oktobersonntag.

ZOLL

Pflanzen, Wurst, Obst und andere frische Lebensmittel dürfen nicht eingeführt werden. Erlaubt sind pro Erwachsenen 200 Zigaretten oder 50 Zigarren oder 2 kg Tabak sowie 1,1 l Spirituosen. Dazu Geschenke bis zu einem Wert von $ 100.

Nach Deutschland zollfrei eingeführt werden dürfen: 1 l Alkohol über 22 %, 200 Zigaretten oder 100 Zigarillos oder 50 Zigarren oder 250 g Tabak, 50 g Parfüm oder 250 g Eau de Toilette und andere Artikel im Gesamtwert von 350 Mark.

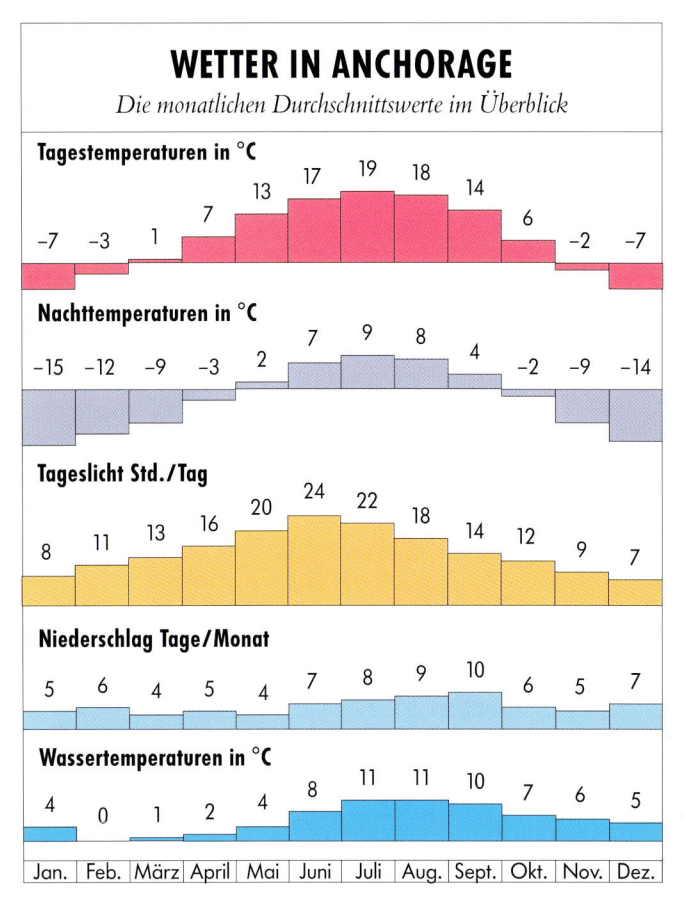

WETTER IN ANCHORAGE
Die monatlichen Durchschnittswerte im Überblick

Tagestemperaturen in °C

Jan.	Feb.	März	April	Mai	Juni	Juli	Aug.	Sept.	Okt.	Nov.	Dez.
–7	–3	1	7	13	17	19	18	14	6	–2	–7

Nachttemperaturen in °C

Jan.	Feb.	März	April	Mai	Juni	Juli	Aug.	Sept.	Okt.	Nov.	Dez.
–15	–12	–9	–3	2	7	9	8	4	–2	–9	–14

Tageslicht Std./Tag

Jan.	Feb.	März	April	Mai	Juni	Juli	Aug.	Sept.	Okt.	Nov.	Dez.
8	11	13	16	20	24	22	18	14	12	9	7

Niederschlag Tage/Monat

Jan.	Feb.	März	April	Mai	Juni	Juli	Aug.	Sept.	Okt.	Nov.	Dez.
5	6	4	5	4	7	8	9	10	6	5	7

Wassertemperaturen in °C

Jan.	Feb.	März	April	Mai	Juni	Juli	Aug.	Sept.	Okt.	Nov.	Dez.
4	0	1	2	4	8	11	11	10	7	6	5

Bloß nicht!

Die Wildnis Alaskas ist nicht ohne Gefahren, und es gibt Dinge, über die man informiert sein sollte

Zwar ist Alaska ein recht sicheres Reiseland, aber die übliche Vorsicht sollten Sie dennoch nicht außer acht lassen. Gelegenheit macht auch in Alaska Diebe. Lassen Sie also am Parkplatz keine Kameras offen im Wagen liegen, und sperren Sie die Motelzimmertür ab.

Bärenspray

Das in den Sportgeschäften Alaskas angebotene Pfefferspray wirkt zwar abschreckend auf Bären, aber nehmen Sie es bloß nicht im Charterflugzeug mit. Die Airlines sind strikt dagegen, denn die Spraydose könnte versehentlich im Flug losgehen – und den Piloten kurzzeitig erblinden lassen!

Entfernungen

Unterschätzen Sie bloß nicht die Dimensionen Alaskas. Besonders im weiten Norden kann ein Fingerbreit auf der Landkarte eine elend lange Tagestour auf Schotterstraßen bedeuten.

Provozieren

Alaska ist nach wie vor ein Macholand, und am späteren Abend kann es in den Kneipen rauh zugehen. Bei einer Diskussion ist es vernünftiger, nicht zu widersprechen – außer, Sie wollen eine zünftige Prügelei mit einem Holzfäller oder Fischer, der auch alkoholisiert noch verblüffend hart zuschlagen kann.

Straßenzustand

Vertrauen Sie bloß nicht auf den guten Zustand der Highways. Das Stück, auf dem Sie gerade fahren, mag zwar kürzlich neu geteert worden und prima mit hundert Sachen zu befahren sein, aber schon ein paar Kilometer später holt Sie garantiert eine kräftige Frostwelle wieder auf den Boden der alaskanischen Realität zurück.

Wildniswanderungen

Sei es ein Tag, eine Woche oder ein Monat, die Sie auf einer Wanderung oder Kanutour in der Wildnis verbringen wollen: Vergessen Sie bloß nicht, eine kurze Notiz über Ihre Route und die voraussichtliche Zeit der Rückkehr zu hinterlassen – beim Kanuvermieter, beim Buschpiloten, der Sie ins Hinterland fliegt, oder beim Ranger im National Park. Falls etwas schiefgeht, kann so ein Suchtrupp losgeschickt werden. (Deshalb nicht vergessen, sich auch wieder zurückzumelden!) Nehmen Sie außerdem immer Lebensmittel für einige Extratage mit!

REGISTER

In diesem Führer finden Sie alle wichtigen Orte, Sehenswürdigkeiten und Museen sowie die National Parks (NP) und Provincial Parks (PP)verzeichnet. Kursiv gedruckte Seitenzahlen verweisen auf Fotos, fett gedruckt auf den Haupteintrag.

Orte

Anchorage 7, 11, 23, 26, 27, *28,* **29,** 87
Atlin, B.C. 80
Barrow 20, **74**
Cordova **26,** 27
Dawson City 9, 23, 27, **80,** *81*
Delta Junction 50
Dutch Harbor/ Unalaska 74
Eagle 9, 27, **52**
Fairbanks 6, 10, 13, 15, 23, 26, 27, **52,** *54,* 87
Glennallen 38
Gustavus/Glacier Bay NP 58
Haines 17, 27, 57, **60**
Homer 26, **38**
Hope 40
Hyder 27
Juneau 10, *12,* 15, 16, 27, *56,* **61**
Kenai/Soldotna 27, **40**
Ketchikan 17, 26, **63,** 87
Kodiak 27
Kotzebue 76
McCarthy 46
Nenana 26, **55**
Nome 6, 10, 15, 20, *21,* 27, **77**
Palmer 27, **42**
Petersburg 27, **66**
Seward 10, 27, **42**
Sitka 10, 17, **67**
Skagway 27, 57, **68,** *70*
Soldotna/Kenai 40
Talkeetna *8, 9,* 26, 27, **55**
Tok **55,** 87
Unalaska/ Dutch Harbor 74
Valdez 10, 11, 16, 26, 27, **44**
Watson Lake 84
Whitehorse 26, **84,** *85*
Whittier 27, **46**
Wrangell 71

Sehenswürdigkeiten

Admiralty Island/ Pack Creek 63
Alaska Aviation Heritage Museum, Anchorage 31
Alaska Raptor Rehabilitation Center, Sitka 68
Alaska State Museum, Juneau 62
Alaskaland, Fairbanks 53
Aleutian Islands 74
Alyeska Resort/ Girdwood 34
Anan Creek 71
Anchorage Museum of History and Art 31
Bar des Alaskan Hotel, Juneau 61
Big Delta State Historical Park 50
Board of Trade Saloon, Nome 77
Bonanza Creek 82
Chilkoot Trail 70
Chugach State Park 35
Copper Center 38
Cordova 26, 27, **45**
Dalton Highway 54
Dawson City Museum, Dawson City 81
Dempster Highway 82
Denali NP *4, 8,* 48, **50,** *52*
Denali Park Road 51
Eklutna Village *34,* 35
Fort William H. Seward, Haines 60
Gastineau Salmon Hatchery, Juneau 61
Gates of the Arctic NP 75
Glacier Bay Country Inn, Gustavus 59
Glacier Bay NP 58, *59*
Gold Dredge Nr. 8, Fairbanks 53
Haines Junction/ Kluane NP 83
Hatcher Pass Road 42
Heiße Quellen, Fairbanks 54
Hyder 27, **65**
Iditarod Trail Committee, Palmer 42
K2 Aviation, Talkeetna 55
Katmai NP 9, 14, *72,* **75**
Kenai Fjords NP 7, 13, *41,* **43**
Kennecott Mine *36,* 47
Klondike Gold Rush National Historical Park, Skagway 69
Kluane NP/ Haines Junction 9, **83**
Kodiak Island 10, 26, **76**
Kodiak-Bären, Kodiak Island 76
Lake Hood 31
Lake Louise 38
MacBride Museum, Whitehorse 85
Matanuska Glacier 42
McCarthy/Wrangell-St. Elias NP *36,* 46
Mendenhall Glacier 61
Misty Fjords National Monument 66
Nahanni NP 84
North Pole 55
Oomingmak Co-op, Anchorage 33
Pack Creek/Admiralty Island 13, **63**
Portage Glacier 35
Pratt Museum, Homer 39
Pribilof Islands 77
Prince William Sound 7, *44,* **45**
Resolution Park, Anchorage 31
Richardson Highway 46
Riverboat Discovery, Fairbanks 53
Russian Bishops House, Sitka 68
Salty Dawg Saloon, Homer 40
Santa Claus House, North Pole 55
Seldovia 40
Seward Highway 44
Sheldon Jackson Museum, Sitka 68
Sitka National Historical Park, Sitka 68
»SS Klondike«, Whitehorse 85
Tides Inn, Petersburg 67
Top of the World Highway 82
Totem Bight Historical Park 64
Totem Heritage Center, Ketchikan 64
Totempfähle, Ketchikan 64
Trail of '98 Museum, Skagway 69
Turnagain Arm 35
University Museum, Fairbanks 53
Valdez Museum 45
Valley of Ten Thousand Smokes, Katmai NP *75,* 76
Westküste 40
White Pass & Yukon Route 70
Wrangell-St. Elias NP/McCarthy 46, *47*
Yukon Transportation Museum 85

Was bekomme ich für mein Geld?

Der einst so starke US-$ ist seit den 70er Jahren im Sinkflug und hat schon Rekordtiefen von unter 1,40 Mark erlebt. Auch Flüge und Pauschalarrangements sind in den letzten Jahren im Preis gesunken. Dennoch sollten Sie bedenken, daß die Nebenkosten in Alaska relativ hoch liegen, da fast alle Güter aus dem Süden importiert werden müssen. Im Yukon Territory gilt der kanadische Dollar (kan $), dessen Wert etwa 25 Prozent niedriger liegt als der des US-$.

Zum Vergleich der Kaufkraft hier einige Preisbeispiele: Ein Frühstück im Coffee-Shop kostet etwa $ 5–8, in den besseren Hotels und Lodges muß man mit $ 10–15 rechnen. Der (meist sehr dünne) Kaffee dazu kommt auf $ 1,50–2. Das Glas Bier in der Bar beläuft sich auf $ 3–4, die Flasche Importbier schlägt mit mindestens $ 4 zu Buche. Für ein zünftiges Steak müssen Sie etwa $ 15–20 bezahlen. Der Aufenthalt in einer Wildnislodge kostet pro Tag $ 120–250. Eine Angellizenz für zwei Wochen kostet $ 30, für ein Jahr $ 50. Die Gallone (3,7 Liter) Benzin beläuft sich auf $ 1,20–2,50. Eine dreistündige geführte Kajaktour kommt auf $ 40–50, eine ganztägige Bootsfahrt zur Tierbeobachtung auf etwa $ 70–110 inklusive Lunch. Mietkanus sind für $ 25 pro Tag und $ 150 pro Woche zu haben.

DM	US-$	US-$	DM
1	0,60	1	1,67
2	1,19	2	3,35
3	1,79	3	5,02
4	2,39	4	6,70
5	2,99	5	8,37
10	5,97	10	16,74
15	8,96	15	25,11
20	11,95	20	33,48
30	17,92	30	50,21
40	23,90	40	66,95
50	29,87	50	83,69
60	35,85	60	100,43
70	41,82	70	117,17
80	47,80	80	133,90
90	53,77	90	150,64
100	59,74	100	167,38
200	119,49	200	334,76
250	149,36	250	418,45
500	298,72	500	836,90
1.000	597,44	1.000	1.673,80

Bei Scheckzahlung/Automatenabhebung am Urlaubsort berechnet die Heimatbank die obenstehenden Kurse. Stand: Februar 1997

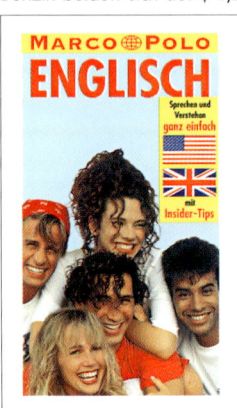

Damit macht Ihre nächste Reise mehr Freude:

Die neuen Marco Polo Sprachführer. Für viele Sprachen.

Sprechen und Verstehen ganz einfach. Mit Insider-Tips.

Das und vieles mehr finden Sie in den Marco Polo Sprachführern:
- Redewendungen für jede Situation
- Ausführliches Menü-Kapitel
- Bloß nicht!
- Reisen mit Kindern
- Die 1333 wichtigsten Wörter

SPRACHFÜHRER AMERIKANISCH

Sprechen und Verstehen ganz einfach

> Zur Erleichterung der Aussprache sind alle amerikanischen Begriffe und Wendungen mit einer einfachen Aussprache (in eckigen Klammern) versehen. Folgende Zeichen sind Sonderzeichen:
>
> ə nur angedeutetes »e« wie in bitte
> θ [s] gesprochen mit der Zungenspitze zwischen den Zähnen
> ' die nachfolgende Silbe wird betont

AUF EINEN BLICK

Ja./Nein.	Yes. [jäs]/Yeah. [jie]/No. [no]
Vielleicht.	Perhaps. [pö'häps]/Maybe. ['mäibih]
Bitte.	Please. [plihs]
Danke.	Thank you. ['θänkju]
Vielen Dank!	Thank you very much. ['θänkju 'wäri 'matsch]
Gern geschehen.	You're welcome. [jər 'wälkəm]
Entschuldigung!	Excuse-me! [iks'kjuhs 'mih]
Wie bitte?	Pardon? ['paərdn]
Ich verstehe Sie/dich nicht.	I don't understand. [ai dont andö'ständ]
Ich spreche nur wenig …	I only speak a little … [ai 'onli spihk ə litl]
Können Sie mir bitte helfen?	Can you help me, please? ['kən ju 'hälp mi plihs]
Ich möchte …	I'd like … [aid'laik]
Das gefällt mir (nicht).	I (don't) like this. [ai (dont) laik_θis]
Haben Sie …?	Do you have …? [du ju 'häw]
Wieviel kostet es?	How much is this? ['hau'matsch is θis]
Wieviel Uhr ist es?	What time is it? [wət 'taim is it]

KENNENLERNEN

Guten Morgen!	Good morning! [gud 'moərning]
Guten Tag!	Good afternoon! [gud äftö'nuhn]
Guten Abend!	Good evening! [gud 'ihwning]
Hallo! Grüß dich!	Hello! [hə'lo]/Hi! [hai]
Mein Name ist …	My name's … [mai näims …]
Wie ist Ihr/Dein Name?	What's your name? [wots joər 'näim]
Wie geht es Ihnen/dir?	How are you? [haur'ju]
Danke. Und Ihnen/dir?	Fine thanks. And you? ['fain θänks, ənd 'ju]
Auf Wiedersehen!	Goodbye!/Bye-bye! [gud'bai/bai'bai]
Tschüs!	See you!/Bye! [sih ju/bai]
Bis bald!	See you later! [sih ju 'lätər]
Bis morgen!	See you tomorrow! [sih ju tə'məro]

UNTERWEGS

Auskunft

links/rechts	left [läft]/right [rait]
geradeaus	straight ahead [strait 'əhäd]
nah/weit	near [niər]/far [faər]
Bitte, wo ist …?	Excuse me, where's …, please? [iks'kjuhs 'mih 'weərs … plihs]
der Bahnhof	the train/bus station [θə 'träen/bass 'stäischn]
die U-Bahn	the subway [θə 'sabwä]
der Flughafen	the airport [θə 'erpoht]
Wie weit ist das?	How far is it? ['hau 'far_is_it]
Ich möchte … mieten.	I'd like to rent … [aid'laik tə 'ränt]
… ein Auto	… a car [ə 'kaər]
… ein Motorboot	… a motorboat [ə 'motərbot]

Panne

Ich habe eine Panne.	My car's broken down. [mai 'kaərs 'brokn 'daun]
Würden Sie mir bitte einen Abschleppwagen schicken?	Would you send a tow truck, please? ['wud ju sänd ə to trak plihs]
Gibt es hier in der Nähe eine Werkstatt?	Is there a service station nearby? ['is θeə_ə 'söəwis stäischn 'nirbai]

Tankstelle

Wo ist die nächste Tankstelle?	Where's the nearest gas station? ['weəs θə 'niərist 'gäs stäischn]
Ich möchte … Liter/Gallonen [3,7l] …	… liters/gallons of … ['lihtərs/gäləns əw]
… Normalbenzin.	… regular, [regjulər]
… Super.	… premium, [primium]
… Diesel.	… diesel, ['dihsl]
… bleifrei/verbleit.	… unleaded/leaded, please. [an'lädid/'lädid plihs]
Volltanken, bitte.	Full, please. ['full plihs]

Unfall

Hilfe!	Help! [hälp]
Achtung!	Attention! [ə 'tänschn]
Vorsicht!	Look out! ['luk 'aut]
Rufen Sie bitte …	Please call … ['plihs 'kahll]
… einen Krankenwagen.	… an ambulance. [ən 'ämbjuləns]
… die Polizei.	… the police. [θə pə'lihs]
Es war meine Schuld.	It was my fault. [it wəs 'mai 'fahllt]
Es war Ihre Schuld.	It was your fault. [it wəs 'johər 'fahllt]
Geben Sie mir bitte Ihren Namen und Ihre Anschrift.	Please give me your name and address. [plihs giw mi joər 'näim ənd ə'dräs]

SPRACHFÜHRER AMERIKANISCH

ESSEN/UNTERHALTUNG

Wo gibt es hier …	Is there … here? ['is θeər … 'hiər]
… ein gutes Restaurant?	… a good restaurant [ə 'gud 'rästərahnt]
… ein typisches Restaurant?	… a restaurant with local specialities [ə 'rästərahnt wiθ 'lokl späschi'älitis]
Gibt es hier eine gemütliche Kneipe?	Is there a nice bar here? ['is θeər_ə nais bar hiər]
Reservieren Sie uns bitte für heute abend einen Tisch für 4 Personen.	Would you reserve us a table for four for this evening, please? ['wud ju ri'söhw əs ə 'täibl fə 'fohr fə θis 'ihwning plihs]
Auf Ihr Wohl!	Cheers! [tschiərs]
Bezahlen, bitte.	Could I have the check, please? ['kud ai häw θə tschek plihs]
Haben Sie einen Veranstaltungskalender?	Do you have a calendar of events? [du ju häw_ə 'kälendər_əw i'wänts]

EINKAUFEN

Wo finde ich …?	Where can I find …? ['weər 'kən_ai 'faind …]
eine Apotheke	a pharmacy [ə farməssi]
eine Bäckerei	a bakery [ə bəikəri]
ein Fotogeschäft	a photo/camera store [ə foto/kämərə stoər]
ein Kaufhaus	a department store [ə di'partmənt stoər]
ein Lebensmittelgeschäft	a supermarket/grocery store [ə 'supər 'mahrkət/grosri stoər]
einen Markt	a market [ə 'mahrkət]

ÜBERNACHTUNG

Können Sie mir bitte … empfehlen?	Could you recommend …, please? [kud ju ˌräkə'mänd … plihs]
… ein Hotel/Motel	… a hotel/motel [ə ho'täl/mou'təl]
… eine Pension	… a B&B (bed & breakfast) [ə bin bi (bed_n 'bräkfəst)]
Ich habe bei Ihnen ein Zimmer reserviert.	I've reserved a room. [aiw ri'söhwd_ə 'ruhm]
Haben Sie noch …?	Do you have …? [du ju häw]
… ein Einzelzimmer	… a room for one [ə ruhm fə wan]
… ein Doppelzimmer	… a room for two [ə ruhm fə tu]
… mit Dusche/Bad	… with a shower/bath [wiθ ə 'schauər/'bähθ]
… für eine Nacht	… for one night [fə wan 'nait]
… für eine Woche	… for a week [fə ə 'wihk]
Was kostet das Zimmer mit …	How much is the room with … ['hau 'matsch is θə ruhm wiθ]
… Frühstück?	… breakfast? ['bräkfəst]

PRAKTISCHE INFORMATIONEN

Arzt

Können Sie mir einen guten Arzt empfehlen?	Can you recommend a good doctor? [kən ju räkə'mänd ə gud 'daktər]
Ich brauche einen Zahnarzt.	I need a dentist. [ai nied ə 'dentist]
Ich habe hier Schmerzen.	I feel some pain here. [ai fihl səm päin 'hiər]
Rezept	prescription [prə'skripschn]
Spritze	injection/shot [in'dschekschn/schat]

Bank

Wo ist hier bitte …	Where's the nearest … [weərs θə 'niərist]
… eine Bank?	… bank? [bänk]
… eine Wechselstube?	… exchange-office? [iks'tschäinsch_afis]
Bankautomat	teller machine [telər maschin]
Ich möchte … DM (Schilling, Schweizer Franken) in Dollars wechseln.	I'd like to change … German Marks (Austrian Shillings, Swiss Francs) into dollars. [aid laik tə tschäinsch … dschöhmən 'mahrks ('astriən 'schillings/'swis 'fränks) 'intə dahllərs]

Post

Was kostet …	How much is … ['hau 'matsch is]
… ein Brief …	… a letter … [ə 'lädər]
… eine Postkarte …	… a postcard … [ə postkahrd]
… nach Deutschland?	… to Germany? [tə 'dschöhməni]

Zahlen

0	zero [siəro]	19	nineteen [,nain'tihn]
1	one [wan]	20	twenty ['twänti]
2	two [tuh]	21	twenty-one [,twänti'wan]
3	three [θrih]	30	thirty ['θöhti]
4	four [fohr]	40	forty ['fohrti]
5	five [faiw]	50	fifty ['fifti]
6	six [siks]	60	sixty ['siksti]
7	seven ['säwn]	70	seventy ['säwnti]
8	eight [äit]	80	eighty ['äiti]
9	nine [nain]	90	ninety ['nainti]
10	ten [tän]	100	a (one) hundred ['ə (wan) 'handrəd]
11	eleven [i'läwn]		
12	twelve [twälw]	1000	a (one) thousand ['ə (wan) 'θausənd]
13	thirteen [θöh'tihn]		
14	fourteen [,foh'tihn]	10000	ten thousand ['tän 'θausənd]
15	fifteen [,fif'tihn]		
16	sixteen [,siks'tihn]	1/2	a half [ə 'hähf]
17	seventeen [,säwn'tihn]	1/4	a (one) quarter ['ə (wan) 'kwohrtər]
18	eighteen [,äi'tihn]		

SPRACHFÜHRER AMERIKANISCH

Menu
Speisekarte

BREAKFAST — FRÜHSTÜCK

coffee (with cream/milk) ['kafi (wiθ 'krihm/'milk)]	Kaffee (mit Sahne/Milch)
decaffeinated coffee [di'käfin,äitid 'kafi]	koffeinfreier Kaffee
hot chocolate ['hat 'tschaklit]	heiße Schokolade
tea (with milk/lemon) [tih (wiθ 'milk/'lämen)]	Tee (mit Milch/Zitrone)
scrambled eggs ['skrämbld 'ägs]	Rühreier
poached eggs ['potscht 'ägs]	pochierte Eier
bacon and eggs ['bäikn ən 'ägs]	Eier mit Speck
eggs sunny side up ['ägs sani said ap]	Spiegeleier
hard-boiled/soft-boiled eggs ['hahrdboild/'saftboild ägs]	harte/weiche Eier
(cheese/mushroom) omelette [(tschihs/'maschrum)'omlit]	(Käse-/Champignon-)Omelett
bread/rolls/toast [bräd/rols/tost]	Brot/Brötchen/Toast
butter ['batər]	Butter
honey ['hani]	Honig
jam [dschäm]	Marmelade
jelly ['dschəli]	Gelee
muffin ['məfin]	süßes Küchlein
yoghurt ['jogərt]	Joghurt
fruit ['fruht]	Obst

HORS D'ŒUVRES/SOUPS — VORSPEISEN/SUPPEN

clam chowder [kläm tschaudər]	Muschelsuppe
broth/consommé [braθ/kən'somäi]	Fleischbrühe
cream of chicken soup [krihm əw 'tschikin suhp]	Hühnercremesuppe
ham [häm]	gekochter Schinken
mixed/green salad [mixd/grin säləd]	gemischter/grüner Salat
onion rings ['ənjən rings]	fritierte Zwiebelringe
seafood salat [sifuhd säləd]	Meeresfrüchtesalat
shrimp cocktail ['schrimp 'kahktäil]	Krabbencocktail
smoked salmon/lox ['smokt 'sämən/lax]	Räucherlachs
tomato soup [tə'mähto suhp]	Tomatensuppe
vegetable soup ['wädschtəbl suhp]	Gemüsesuppe

FISH/SEAFOOD — FISCH/MEERESFRÜCHTE

cod [kad]	Kabeljau
crab [kräb]	Krebs
eel [ihl]	Aal
halibut [häləbət]	Heilbutt
herring ['häring]	Hering
lobster ['labstər]	Hummer
mussels ['masls]	Muscheln
oysters ['oistərs]	Austern
perch [pöhtsch]	Barsch
salmon ['sämən]	Lachs
scallops [skälləps]	Jakobsmuscheln
sole [soll]	Seezunge
squid [skwid]	Tintenfisch
trout [traut]	Forelle
tuna ['tuhnə]	Thunfisch

MEAT AND POULTRY — FLEISCH UND GEFLÜGEL

bacon [bəikən]	Speck
barbequed spare ribs ['bahrbəkjuhd 'speər ribs]	gegrillte Rippchen
beef [bihf]	Rindfleisch
chicken ['tschikən]	Hähnchen
chop/cutlet [tschap/'katlət]	Kotelett
filet mignon ['filä minjon]	Filetsteak
duck(ling) ['dak(ling)]	(junge) Ente
gravy ['gräivi]	Fleischsoße
ground beef ['graund 'bihf]	Hackfleisch vom Rind
ham [häm]	gekochter Schinken
hamburger ['hämböhgər]	Hamburger
lamb [läm]	Lamm
liver (and onions) ['liwər (ən 'anjəns)]	Leber (mit Zwiebeln)
meatloaf [mihtlof]	Hackbraten
New York Steak [nu jork stäk]	Steak mit Fettrand
pork [pohk]	Schweinefleisch
rabbit ['räbit]	Kaninchen
roast [rost]	Braten
rump steak ['ramp stäik]	Rumpsteak
sausages ['sosidschis]	Würstchen
sirloin steak ['söhloin stäik]	Lendenstück vom Rind, Steak
T-bone steak ['tihbon stäik]	Rindersteak mit T-förmigem Knochen
turkey ['töhki]	Truthahn
veal [wihl]	Kalbfleisch
venison ['wänisn]	Reh oder Hirsch

SPRACHFÜHRER AMERIKANISCH

VEGETABLES AND SALAD — GEMÜSE UND SALAT

baked beans ['bäkt 'bihns]	gebackene Bohnen in Tomatensoße
baked potatoes [bäkt pə'täitəus]	gebackene Kartoffeln in Schale
cabbage ['käbidsch]	Kohl
carrots ['kärəts]	Karotten
cauliflower ['kaliflauər]	Blumenkohl
chef's salad ['schefs 'säləd]	Salat mit Schinken, Tomaten, Käse, Oliven
eggplant [egplänt]	Aubergine
french fries [fränsch 'frais]	Pommes frites
corn-on-the-cob ['kohn‿an θə 'kab]	Maiskolben
cucumber ['kjuhkamba]	Gurke
garlic ['garlik]	Knoblauch
hash browns ['häsch bräuns]	Bratkartoffeln
herbs [ərbs]	Kräuter
leek ['lihk]	Lauch
lentils ['läntils]	Linsen
lettuce ['letis]	Kopfsalat
mashed potatoes [mäscht pə'täitəus]	Kartoffelbrei
mushrooms ['maschrums]	Pilze
onions ['anjəns]	Zwiebeln
peas ['pihs]	Erbsen
peppers ['päppərs]	Paprika
pickles ['pikls]	Essiggurken
pumpkin ['pampkin]	Kürbis
produce ['proəducə]	frisches Gemüse
spinach ['spinidsch]	Spinat
squash ['skwasch]	kleiner Kürbis
tomatoes [tə'mähtous]	Tomaten

DESSERT AND CHEESE — NACHSPEISEN UND KÄSE

apple pie ['äpl 'pai]	gedeckter Apfelkuchen
brownie ['brauni]	Schokoladenplätzchen
cinnamon roll [sinəmon roul]	Zimtgebäck
cheddar ['tschädər]	kräftiger Käse
cookies [kukis]	Kekse
cottage cheese ['katidsch 'tschihs]	Hüttenkäse
cream [krihm]	Sahne
custard ['kastəd]	Vanille-Eiercreme
donut ['doənat]	Schmalzkringel
fruit salad [fruht 'säləd]	Obstsalat
goat's cheese ['gots tschihs]	Ziegenkäse
ice-cream ['ais'krihm]	Eis
pancakes ['pänkäiks]	Pfannkuchen
pastries ['päistris]	Gebäck
rice pudding ['rais 'pədding]	Reisbrei

FRUIT	OBST
apples ['äpls]	Äpfel
apricots ['äiprikəts]	Aprikosen
blackberries ['bläkbəris]	Brombeeren
cantaloup ['käntəlop]	Zuckermelone
cherries ['tschäris]	Kirschen
figs [figs]	Feigen
grapes [gräips]	Weintrauben
lemon ['lämən]	Zitrone
melon ['mälən]	Melone
oranges ['orindschəs]	Orangen
peaches ['pihtschəs]	Pfirsiche
pears [peərs]	Birnen
pineapple ['pain,äpl]	Ananas
plums [plams]	Pflaumen
raspberries ['rähsbəris]	Himbeeren
rhubarb ['ruhbahrb]	Rhabarber
strawberries ['strahbəris]	Erdbeeren

Beverages
Getränkekarte

ALCOHOLIC DRINKS	ALKOHOLISCHE GETRÄNKE
beer [biər]	Bier
on tap ['on täp]	vom Faß
brandy ['brändi]	Kognac
cider ['saidər]	Apfelwein
red/white wine [räd/wait wain]	Rot-/Weißwein
dry/sweet [drai/swiht]	trocken/lieblich
sherry [schäri]	Sherry
sparkling wine ['spahrkling wain]	Sekt
table wine ['täibl wain]	Tafelwein

SOFT DRINKS	ALKOHOLFREIE GETRÄNKE
alcohol-free beer ['älkəhal,frih 'biər]	alkoholfreies Bier
fruit juice ['fruht dschuhs]	Fruchtsaft
lemonade [,lämə'näid]	gesüßter Zitronensaft
milk ['milk]	Milch
mineral water ['minrl ,wahtər]	Mineralwasser
root beer ['rut ,biər]	süße, dunkle Limonade
soda water ['sodə ,wahtər]	Selterswasser
tomato juice [tə'mähto dschuhs]	Tomatensaft
tonic water [tannic wahtər]	Tonicwasser